Smaker av Asia

En reise gjennom kulinariske tradisjoner

Mei Lin

Sammendrag

Kylling med bacon *10*
Kylling og banan frites *11*
Kylling med ingefær og sopp *12*
Kylling og skinke *14*
Grillet kyllinglever *15*
Krabbekjøttboller med vannkastanjer *16*
liten mengde *17*
Skinke og kyllingruller *18*
Snu den kokte skinken *19*
Falsk røkt fisk *20*
dampet sopp *22*
Sopp med østerssaus *23*
Svinekjøtt og salatrull *24*
Svinekjøttboller og kastanjer *26*
Svineboller *27*
Kongereker med litchisaus *29*
Stekte reker med mandariner *31*
Reker med Mangetout *32*
Reker med kinesisk sopp *34*
Stek reker og erter *35*
Kongereker med mangochutney *36*
Peking reker *38*
Reker med paprika *39*
Reker stekt med svinekjøtt *40*
Stekte reker med sherrysaus *42*
Stekte reker med sesam *44*
Stekt i rekeskall *45*
Stekte reker *46*
Reker tempura *47*
Tyggegummi *48*
Reker med tofu *50*
Reker med tomater *51*

Reker med tomatsaus 52
Reker med tomat og chilisaus 53
Stekte reker med tomatsaus 54
Reker med grønnsaker 56
Reker med vannkastanjer 57
Reker Wonton 58
Abalone med kylling 59
Abalone med asparges 60
Abalone med sopp 62
Abalone med østerssaus 62
dampede blåskjell 63
Muslinger med bønnespirer 65
Blåskjell med ingefær og hvitløk 66
Stekte blåskjell 67
Krabbekaker 68
Krabbekrem 69
Kinesisk bladkrabbekjøtt 70
Foo Yung krabbe med bønnespirer 71
Ingefær krabbe 72
Krabbe Lo Mein 73
Stekt krabbe med svinekjøtt 75
Stekt krabbekjøtt 76
stekte blekksprutballer 77
Kantonesisk hummer 78
stekt hummer 80
Dampet hummer med skinke 81
Hummer med sopp 82
Hummerhaler med svinekjøtt 83
Stekt hummer 85
Hummerredet 86
Blåskjell i svart bønnesaus 87
Blåskjell med ingefær 87
Dampet blåskjell 89
stekte østers 90
Østers med bacon 91
Stekt ingefær østers 92

Østers med svart bønnesaus 93
Kamskjell med bambusskudd 94
Kamskjell med egg 96
Kamskjell med brokkoli 97
Kamskjell med ingefær 99
Kamskjell med skinke 100
Egg med kamskjell og urter 101
Grillede blåskjell og løk 102
Kamskjell med grønnsaker 103
Kamskjell med paprika 105
Blekksprut med bønnespirer 106
fritert blekksprut 107
blekksprutpakker 108
stekt blekksprutrull 110
Stekt boks 112
Blekksprut med tørket sopp 113
Blekksprut med grønnsaker 114
Biff med anis 114
Kalvekjøtt med asparges 116
Biff med bambusskudd 118
Biff med bambusskudd og sopp 119
Kinesisk stekt biff 121
Biff med bønnespirer 121
Biff med brokkoli 123
Biff med sesamfrø og brokkoli 124
Grillet kjøtt 126
Kantonesisk kjøtt 127
Kalvekjøtt med gulrøtter 128
Biff med cashewnøtter 129
Slow Cooker biffgryte 130
Biff med blomkål 131
Kalvekjøtt med selleri 132
Roastbiff skiver med selleri 133
Biff kuttet med kylling og selleri 134
Biff med Chile 136
Biff kinakål 138

Biff Suey ... 139
Kalvekjøtt med agurk ... 141
Beef Chow Mein ... 142
Agurkfilet ... 144
Biff karri ... 145
Skinkekastanjeomelett og vann ... 147
Hummer omelett ... 148
Østersomelett ... 149
Rekeomelett ... 150
Omelett med kamskjell ... 151
Omelett med tofu ... 152
Tortilla fylt med svinekjøtt ... 153
Tortilla fylt med reker ... 154
Dampet tortillarull med kyllingfyll ... 155
østerspannekaker ... 156
Rekepannekaker ... 157
Kinesisk eggerøre ... 158
Egg med fisk ... 159
Egg med sopp ... 160
Egg med østerssaus ... 161
Egg med svinekjøtt ... 162
Egg med svinekjøtt og reker ... 163
Egg med spinat ... 164
Egg med løk ... 165
Egg med tomater ... 166
Egg med grønnsaker ... 167
Kyllingsufflé ... 168
krabbesufflé ... 169
Krabbe- og ingefærsoufflé ... 170
Fiskesufflé ... 171
Rekesufflé ... 172
Rekesufflé med bønnespirer ... 173
Grønnsakssufflé ... 174
Foo Yung Egg ... 175
Foo Yung stekte egg ... 176
Foo Yung krabbe med sopp ... 177

Foo Yung egg med skinke 178
Stekt Foo Yung svinekjøtt 179
Foo Yung svinekjøtt egg og reker 180
hvit ris 181
kokt brun ris 181
Ris med biff 182
Ris med kyllinglever 183
Ris med kylling og sopp 184
Kokos ris 184
Ris med krabbekjøtt 185
Ris med erter 186
Ris med pepper 187
Ris med posjerte egg 188
Singapore ris 189
Sakte ris på båten 190
dampet ris 191
Stekt ris 192
stekt ris med mandler 193
Stekt ris med bacon og egg 194
Stekt ris med kjøtt 195
Stekt ris med kjøttdeig 196
Stekt ris med kjøtt og løk 197
Kylling stekt ris 198
Ris med stekt and 199
Dampet ris med skinke 200
Ris med røkt skinke og buljong 201
Svinekjøtt med stekt ris 202
Stekt ris med svinekjøtt og reker 203
Stekt ris med reker 204
stekt ris og erter 205
Ris stekt i laks 206
Spesiell stekt ris 207
Ti dyre ris 208
Ris med stekt tunfisk 209
Kokte eggnudler 210
dampede eggnudler 211

Grillet pasta *211*
Stekte nudler *212*
Myke stekte nudler *213*
Dampet tagliatelle *214*
kalde nudler *215*
Kurv med pasta *216*
Deigpannekaker *216*

Kylling med bacon

for 4 personer

225 g / 8 oz kylling, veldig tynne skiver

75 ml / 5 ss soyasaus

15 ml / 1 ss risvin eller tørr sherry

1 fedd knust hvitløk

15 ml / 1 ss brunt sukker

5 ml / 1 ts salt

5 ml / 1 ts finhakket ingefærrot

225 g magert bacon i terninger

100 g vannkastanjer, veldig tynne skiver

30 ml / 2 ss honning

Legg kyllingen i en bolle. Bland 45 ml / 3 ss soyasaus med vin eller sherry, hvitløk, sukker, salt og ingefær, hell over kyllingen og la ca. i 3 timer. Legg kyllingen, baconet og kastanjene på kebabspydet. Bland resten av soyasausen med honningen og fordel på spydet. Grill (bake) under en varm grill i ca. 10 minutter til den er gjennomstekt, snu ofte og dryss med mer frosting mens du lager mat.

Kylling og banan frites

for 4 personer

2 kokte kyllingbryst

2 hardkokte bananer

6 brødskiver

4 egg

120 ml / 4 fl oz / ¬Ω kopp melk

50 g / 2 oz / ¬Ω kopp universalmel

225 g / 8 oz / 4 kopper ferskt brød

Stek i olje

Skjær kyllingen i 24 biter. Skrell bananene og del dem i fire på langs. Kutt hver fjerdedel i tredjedeler for å lage 24 stykker. Skjær av brødskorpen og skjær i fire. Pisk egg og melk og skjær den ene siden av brødet. Legg et stykke kylling og et stykke banan på den eggbelagte siden av hver brødskive. mel lett rutene, dypp dem så i egget og rull dem i brødet. Rør egget inn i brødet igjen. Varm oljen og stek i noen firkanter til de er gyldenbrune. Hell av på kjøkkenpapir før servering.

Kylling med ingefær og sopp

for 4 personer

225 g kyllingbrystfilet

5 ml / 1 ts fem krydderpulver

15 ml / 1 ss universalmel

120 ml / 4 fl oz / ½ kopp peanøttolje (peanøtt)

4 sjalottløk delt i to

1 fedd hvitløk, hakket

1 skive ingefærrot, hakket

25 g / 1 oz / ¼ kopp cashewnøtter

5 ml / 1 ts honning

15 ml / 1 ss rismel

75 ml / 5 ss risvin eller tørr sherry

100 g sopp kuttet i kvarte

2,5 ml / ½ teskje gurkemeie

6 gule chili delt i to

5 ml / 1 ts soyasaus

½ Sitronsaft

salt pepper

4 sprø salatblader

Skjær kyllingbrystet diagonalt over parmesanen i tynne strimler. Dryss over femkrydderpulver og dekk tynt med mel. Varm 15 ml / 1 ss olje og stek kyllingen til den er gyldenbrun. Fjern fra pannen. Varm opp litt mer olje og fres sjalottløk, hvitløk, ingefær og cashewnøtter i 1 minutt. Tilsett honningen og rør til grønnsakene er dekket. Dryss over mel, og tilsett deretter vinen eller sherryen. Tilsett sopp, gurkemeie og chili og stek i 1 minutt. Tilsett kyllingen, soyasausen, saften av en halv sitron, salt og pepper, og varm opp. Fjern fra pannen og hold varm. Varm opp litt mer olje, tilsett salatbladene og stek raskt,

Kylling og skinke

for 4 personer

225 g / 8 oz kylling, veldig tynne skiver

75 ml / 5 ss soyasaus

15 ml / 1 ss risvin eller tørr sherry

15 ml / 1 ss brunt sukker

5 ml / 1 ts finhakket ingefærrot

1 fedd knust hvitløk

225 g kokt skinke, kuttet i terninger

30 ml / 2 ss honning

Ha kyllingen i en bolle med 45 ml / 3 ss soyasaus, vin eller sherry, sukker, ingefær og hvitløk. La det marinere i 3 timer. Legg kyllingen og skinken på kebabspydet. Bland resten av soyasausen med honningen og fordel på spydet. Grill (bakes) under varm grill i ca. 10 minutter, vend ofte og pensle med is under koking.

Grillet kyllinglever

for 4 personer

450 g / 1 lb kyllinglever

45 ml / 3 ss soyasaus

15 ml / 1 ss risvin eller tørr sherry

15 ml / 1 ss brunt sukker

5 ml / 1 ts salt

5 ml / 1 ts finhakket ingefærrot

1 fedd knust hvitløk

Kok kyllingleveren i kokende vann i 2 minutter, og la den renne godt av. Ha alle de andre ingrediensene unntatt oljen i en bolle og mariner i ca 3 timer. Legg kyllingleveren på et kebabspyd og stek (grill) under varm grill i ca 8 minutter til den er gyldenbrun.

Krabbekjøttboller med vannkastanjer

for 4 personer

450 g / 1 lb krabbekjøtt, hakket

100 g vannkastanjer, hakket

1 fedd knust hvitløk

1 cm / ¬Ω ingefærrot, kuttet, hakket

45 ml / 3 ss maismel (maisstivelse)

30 ml / 2 ss soyasaus

15 ml / 1 ss risvin eller tørr sherry

5 ml / 1 ts salt

5 ml / 1 ts sukker

3 piskede egg

Stek i olje

Bland alle ingrediensene unntatt oljen og form dem til kuler. Varm oljen og stek krabbekulene til de er gyldenbrune. Rør godt før servering.

liten mengde

for 4 personer

100 g skrellede reker, kuttet i små biter

225 g magert svinekjøtt, finhakket

50 g kinakål, finhakket

3 frokostløk, finhakket

1 sammenvispet egg

30 ml / 2 ss maismel (maisstivelse)

10 ml / 2 ts soyasaus

5 ml / 1 ts sesamolje

5 ml / 1 ts østerssaus

24 wonton skinn

Stek i olje

Bland reker, svinekjøtt, kål og vårløk. Bland egg, mais, soyasaus, sesamolje og østerssaus. Plasser en skje av blandingen i midten av hver wonton-skinn. Trykk forsiktig omslaget rundt fyllet, forsegl kantene, men la toppen være åpen. Varm opp oljen og stek dim summen noen ganger til den er gyldenbrun. Hell godt av og server varmt.

Skinke og kyllingruller

for 4 personer

2 kyllingbryst

1 fedd knust hvitløk

2,5 ml / ¬Ω teskje salt

2,5 ml / ¬Ω teskje fem krydderpulver

4 skiver kokt skinke

1 sammenvispet egg

30 ml / 2 ss melk

25 g / 1 oz / ¬° kopp universalmel

Skjell av 4 eggruller

Stek i olje

Skjær kyllingbrystet i to. Bland dem veldig fint. Bland hvitløk, salt og femkrydderpulver og dryss over kyllingen. Legg en skinkeskive på hvert kyllingstykke og rull godt sammen. Bland egget og melken. mel lett kyllingbitene og hell dem deretter i eggedosien. Legg hvert stykke på skinnet på en eggrull og pensle kantene med sammenvispet egg. Brett sidene, rull deretter sammen, klyp kantene for å lukke. Varm opp oljen og stek smørbrødene i ca 5 minutter til de er gyldenbrune og kokte. Hell av på kjøkkenpapir, og skjær deretter i tykke diagonale skiver til servering.

Snu den kokte skinken

for 4 personer

350 g / 12 oz / 3 kopper universalmel

175 g / 6 oz / ¬æ kopp smør

120 ml / 4 fl oz / ¬Ω kopp vann

225 g hakket skinke

100 g bambusskudd, hakket

2 frokostløk (skålløk), finhakket

15 ml / 1 ss soyasaus

30 ml / 2 ss sesamfrø

Ha melet i en bolle og tilsett smøret. Bland med vann for å lage en pasta. Kjevle ut deigen og skjær den i 5/2 cm sirkler, bland resten av ingrediensene unntatt sesam, og legg en skje i hver sirkel. Pensle kantene på deigen med vann og forsegl. Pensle utsiden med vann og dryss over sesamfrø. Stek i en forvarmet ovn ved 180 °C / gassmerke 4 i 30 minutter.

Falsk røkt fisk

for 4 personer

1 havabbor

3 skiver ingefærrot, i skiver

1 fedd knust hvitløk

1 vårløk (saljong), i tynne skiver

75 ml / 5 ss soyasaus

30 ml / 2 ss risvin eller tørr sherry

2,5 ml / ½ teskje malt anis

2,5 ml / ½ teskje sesamolje

10 ml / 2 ts sukker

120 ml / 4 fl oz / ½ kopp buljong

Stek i olje

5 ml / 1 ts maismel (maisstivelse)

Skrell fisken og skjær i 5 mm (¼° tomme) tykke skiver. Bland ingefær, hvitløk, vårløk, 60 ml / 4 ss soyasaus, sherry, anis og sesamolje. Hell over fisken og bland forsiktig. La hvile i 2 timer, rør av og til.

Hell av marinaden i en panne og tørk fisken på kjøkkenpapir. Tilsett sukker, buljong og gjenværende soyasaus i marinaden, kok opp og kok i 1 minutt. Hvis du trenger å tykne sausen, bland maisenna med litt kaldt vann, tilsett det i sausen og la det småkoke til sausen er tykk.

Varm opp oljen i mellomtiden og stek fisken til den er gyldenbrun. Tøm godt. Dypp fiskestykkene i marinaden, og legg dem deretter på en varm serveringsfat. Serveres varm eller kald.

dampet sopp

for 4 personer

12 store kapper tørket sopp

225 g krabbekjøtt

3 vannkastanjer, hakket

2 frokostløk (skålløk), finhakket

1 eggehvite

15 ml / 1 ss maismel (maisstivelse)

15 ml / 1 ss soyasaus

15 ml / 1 ss risvin eller tørr sherry

Bløtlegg soppen over natten i varmt vann. Trykk tørr. Bland resten av ingrediensene og bruk til å fylle sopphettene. Legg på en damprist og damp i 40 minutter. Serveres varm.

Sopp med østerssaus

for 4 personer

10 tørkede kinesiske sopp

250 ml / 8 fl oz / 1 kopp biffbuljong

15 ml / 1 ss maismel (maisstivelse)

30 ml / 2 ss østerssaus

5 ml / 1 ts risvin eller tørr sherry

Bløtlegg soppen i varmt vann i 30 minutter, tøm deretter og reserver 250 ml / 8 fl oz / 1 kopp av bløtleggingsvæsken. Fjern stilkene. Bland 60 ml / 4 ss oksekraft med maisen til du får en pasta. Kok opp den resterende buljongen med sopp og soppvæske, dekk til og la det småkoke i 20 minutter. Fjern soppen fra væsken med en hullsleiv og legg på en varm plate. Tilsett østerssausen og sherryen i pannen og la det småkoke under omrøring i 2 minutter. Tilsett maismelpastaen og kok på lav varme under omrøring til sausen tykner. Hell over soppen og server umiddelbart.

Svinekjøtt og salatrull

for 4 personer

4 tørkede kinesiske sopp

15 ml / 1 ss peanøttolje

225 g magert svinekjøtt, hakket

100 g bambusskudd, hakket

100 g vannkastanjer, hakket

4 frokostløk, finhakket

175 g krabbekjøtt, i flak

30 ml / 2 ss risvin eller tørr sherry

15 ml / 1 ss soyasaus

10 ml / 2 ts østerssaus

10 ml / 2 ts sesamolje

9 kinesiske tegn

Bløtlegg soppen i varmt vann i 30 minutter, filtrer deretter. Kast stilkene og skjær av toppene. Varm oljen og stek svinekjøttet i 5 minutter. Tilsett sopp, bambusskudd, vannkastanjer, vårløk og krabbekjøtt og stek i 2 minutter. Kombiner vin eller sherry, soyasaus, østerssaus og sesamolje og bland i pannen. Fjern fra varme. I mellomtiden blancherer du de kinesiske bladene i kokende vann i 1 minutt, og siler deretter. Plasser en skje av svinekjøttblandingen i midten av hvert ark, brett det til siden og rull deretter sammen for servering.

Svinekjøttboller og kastanjer

for 4 personer

450 g / 1 lb svinekjøtt (hakket)

50 g sopp, finhakket

50 g vannkastanjer, finhakket

1 fedd knust hvitløk

1 sammenvispet egg

30 ml / 2 ss soyasaus

15 ml / 1 ss risvin eller tørr sherry

5 ml / 1 ts finhakket ingefærrot

5 ml / 1 ts sukker

Salt

30 ml / 2 ss maismel (maisstivelse)

Stek i olje

Bland alle ingrediensene unntatt maismel og form kuler av massen. Lag maismelet. Varm oljen og stek kjøttbollene i ca 10 minutter til de er gyldenbrune. Rør godt før servering.

Svineboller

for 4 personer

450g/1lb universalmel

500 ml / 17 fl oz / 2 kopper vann

450 g hakket svinekjøtt

225 g skrellede reker, kuttet i små biter

4 stilker selleri, hakket

15 ml / 1 ss soyasaus

15 ml / 1 ss risvin eller tørr sherry

15 ml / 1 ss sesamolje

5 ml / 1 ts salt

2 frokostløk (skålløk), finhakket

2 fedd hvitløk, hakket

1 skive ingefærrot, hakket

Elt mel og vann til deigen er jevn og elt godt. Dekk til og la hvile i 10 minutter. Kjevle ut deigen så tynn som mulig og skjær i 5/2 cm ringer, bland de andre ingrediensene. Hell en spiseskje av blandingen i hver sirkel, fukt kantene og brett dem til en halvsirkel. Kok opp en kjele med vann, dypp deretter kjøttbollene forsiktig i vannet. Når kjøttbollene kommer opp til overflaten, tilsett 150 ml / ¬°pt / ¬æ kopp kaldt vann, og kok deretter opp vannet igjen. Når kjøttbollene hever stekes de.

Kongereker med litchisaus

for 4 personer

50 g / 2 oz / ¬Ω en kopp (for all bruk)

mel

2,5 ml / ¬Ω teskje salt

1 egg, litt pisket

30 ml / 2 ss vann

450 g / 1 lb skrellede reker

Stek i olje

30 ml / 2 ss peanøttolje

2 skiver ingefærrot, hakket

30 ml / 2 ss vineddik

5 ml / 1 ts sukker

2,5 ml / ¬Ω teskje salt

15 ml / 1 ss soyasaus

200 g litchi på boks, avrent

Bland mel, salt, egg og vann til skum, tilsett eventuelt litt mer vann. Bland med reker til de er godt dekket. Varm oljen og stek rekene i noen minutter til de er sprø og gyldenbrune. Hell av på kjøkkenpapir og legg på en varm tallerken. Varm opp oljen i mellomtiden og stek ingefæren i 1 minutt. Tilsett vineddik, sukker, salt og soyasaus. Tilsett litchien og rør til den er varm og dekket med saus. Hell over rekene og server umiddelbart.

Stekte reker med mandariner

for 4 personer

60 ml / 4 ss peanøttolje

1 fedd knust hvitløk

1 skive ingefærrot, hakket

450 g / 1 lb skrellede reker

30 ml / 2 ss risvin eller tørr sherry 30 ml / 2 ss soyasaus

15 ml / 1 ss maismel (maisstivelse)

45 ml / 3 ss vann

Varm oljen og stek hvitløk og ingefær til de er gyldenbrune. Tilsett rekene og stek i 1 minutt. Tilsett vin eller sherry og bland godt. Tilsett soyasaus, maisstivelse og vann og stek i 2 minutter.

Reker med Mangetout

for 4 personer

5 tørkede kinesiske sopp

225 g / 8 oz bønnespirer

60 ml / 4 ss peanøttolje

5 ml / 1 ts salt

2 stilker selleri, hakket

4 frokostløk, finhakket

2 fedd hvitløk, hakket

2 skiver ingefærrot, hakket

60 ml / 4 ss vann

15 ml / 1 ss soyasaus

15 ml / 1 ss risvin eller tørr sherry

225 g søte erter

225 g skrellede reker

15 ml / 1 ss maismel (maisstivelse)

Bløtlegg soppen i varmt vann i 30 minutter, filtrer deretter. Fjern stilkene og skjær av toppene. Blancher bønnespirene i kokende vann i 5 minutter, og la dem renne godt av. Varm opp halvparten av oljen og stek salt, selleri, vårløk og bønnespirer i 1 minutt, og ta deretter ut av pannen. Varm opp resten av oljen og fres hvitløk og ingefær til de er gyldenbrune. Tilsett halvparten av vannet, soyasaus, vin eller sherry, søte erter og reker, kok opp og la det småkoke i 3 minutter. Bland maismelet og det resterende vannet til en pasta, bland i en panne og la det småkoke under omrøring til sausen tykner. Legg grønnsakene tilbake i pannen, kok varm. Server umiddelbart.

Reker med kinesisk sopp

for 4 personer

8 tørkede kinesiske sopp

45 ml / 3 ss peanøttolje (peanøtt)

3 skiver ingefærrot, hakket

450 g / 1 lb skrellede reker

15 ml / 1 ss soyasaus

5 ml / 1 ts salt

60 ml / 4 ss fiskejuice

Bløtlegg soppen i varmt vann i 30 minutter, filtrer deretter. Fjern stilkene og skjær av toppene. Varm opp halvparten av oljen og stek ingefæren lett gylden. Tilsett rekene, soyasausen og saltet og stek til de er dekket i olje, ta deretter ut av pannen. Varm opp den resterende oljen og stek soppen til oljen er dekket. Tilsett suppen, kok opp, dekk til og kok i 3 minutter. Ha rekene tilbake i pannen og rør til de er gjennomvarme.

Stek reker og erter

for 4 personer

450 g / 1 lb skrellede reker

5 ml / 1 ts sesamolje

5 ml / 1 ts salt

30 ml / 2 ss peanøttolje

1 fedd knust hvitløk

1 skive ingefærrot, hakket

225 g frosne eller blancherte erter, tint

4 frokostløk, finhakket

30 ml / 2 ss vann

salt pepper

Bland rekene med sesamolje og salt. Varm oljen og stek hvitløk og ingefær i 1 minutt. Tilsett rekene og stek i 2 minutter. Tilsett ertene og stek i 1 minutt. Tilsett vårløk og vann og smak til med salt og pepper og litt mer sesamolje. Før servering, varm den opp ved å røre forsiktig.

Kongereker med mangochutney

for 4 personer

12 reker

salt pepper

Saft av 1 sitron

30 ml / 2 ss maismel (maisstivelse)

1 mango

5 ml / 1 ts sennepspulver

5 ml / 1 ts honning

30 ml / 2 ss kokoskrem

30 ml / 2 ss mildt karripulver

120 ml / 4 fl oz / ¬Ω kopp kyllingsuppe

45 ml / 3 ss peanøttolje (peanøtt)

2 fedd hvitløk, hakket

2 frokostløk (skålløk), finhakket

1 fennikel, hakket

100 g mangochutney

Skrell rekene, la halene være intakte. Dryss over salt, pepper og sitronsaft, og dekk deretter med halvparten av maismelet. Skrell mangoen, skjær skinnet fra steinen og skjær deretter i terninger. Bland sennep, honning, kokoskrem, karri, resten av maisenna og buljongen. Varm halvparten av oljen og fres hvitløk, vårløk og fennikel i den i 2 minutter. Tilsett buljongblandingen, kok opp og la det småkoke i 1 minutt. Tilsett mangoterningene i den varme sausen og varm forsiktig opp, og hell deretter i en varm bolle. Varm opp den resterende oljen og stek rekene i 2 minutter. Legg oppå grønnsakene og server samtidig.

Peking reker

for 4 personer

30 ml / 2 ss peanøttolje

2 fedd hvitløk, hakket

1 skive ingefærrot, finhakket

225 g skrellede reker

4 vårløk, kuttet i tykke skiver

120 ml / 4 fl oz / ¬Ω kopp kyllingsuppe

5 ml / 1 ts brunt sukker

5 ml / 1 ts soyasaus

5 ml / 1 ts hoisinsaus

5 ml / 1 ts Tabasco saus

Varm oljen med hvitløk og ingefær og stek til hvitløken er litt gyldenbrun. Tilsett rekene og stek i 1 minutt. Tilsett løken og stek i 1 minutt. Tilsett de andre ingrediensene, kok opp, dekk til og la det småkoke i 4 minutter, rør av og til. Sjekk krydderet og tilsett litt mer Tabasco hvis du vil.

Reker med paprika

for 4 personer

30 ml / 2 ss peanøttolje

1 grønn paprika, hakket

450 g / 1 lb skrellede reker

10 ml / 2 ts maismel (maisstivelse)

60 ml / 4 ss vann

5 ml / 1 ts risvin eller tørr sherry

2,5 ml / ½ teskje salt

45 ml / 2 ss tomatsaus (pasta)

Varm oljen og stek pepperen i 2 minutter. Tilsett rekene i tomatpureen og bland godt. Bland maismelvann, vin eller sherry og salt til det danner en pasta, bland i pannen og fortsett å blande til sausen er klar og tyknet.

Reker stekt med svinekjøtt

for 4 personer

225 g skrellede reker

100 g magert svinekjøtt, hakket

60 ml / 4 ss risvin eller tørr sherry

1 eggehvite

45 ml / 3 ss maismel (maisstivelse)

5 ml / 1 ts salt

15 ml / 1 ss vann (valgfritt)

90 ml / 6 ss peanøttolje (peanøtt)

45 ml / 3 ss fiskejuice

5 ml / 1 ts sesamolje

Legg rekene og svinekjøttet på separate tallerkener. Bland 45 ml / 3 ss vin eller sherry, eggehvite, 30 ml / 2 ss maismel og salt for å lage en smeltet deig, tilsett vann om nødvendig. Fordel blandingen mellom svinekjøttet og rekene og bland godt for å dekke jevnt. Varm oljen og stek svinekjøttet og rekene i noen minutter til de er gyldenbrune. Ta ut av pannen og tilsett alt unntatt 15 ml/1 ss olje. Tilsett buljongen i pannen med den resterende vinen eller sherryen og maisen. Kok opp og la det småkoke under omrøring til sausen tykner. Hell over rekene og svinekjøttet og server med sesamolje.

Stekte reker med sherrysaus

for 4 personer

50 g / 2 oz / ¬Ω kopp universalmel

2,5 ml / ¬Ω teskje salt

1 egg, litt pisket

30 ml / 2 ss vann

450 g / 1 lb skrellede reker

Stek i olje

15 ml / 1 ss peanøttolje

1 finhakket løk

45 ml / 3 ss risvin eller tørr sherry

15 ml / 1 ss soyasaus

120 ml / 4 fl oz / ¬Ω kopp fiskekraft

10 ml / 2 ts maismel (maisstivelse)

30 ml / 2 ss vann

Bland mel, salt, egg og vann til skum, tilsett eventuelt litt mer vann. Bland med reker til de er godt dekket. Varm oljen og stek rekene i noen minutter til de er sprø og gyldenbrune. Hell av på kjøkkenpapir og legg på en varm tallerken. Varm opp oljen i mellomtiden og stek løken til den er myk. Tilsett vin eller sherry, soyasaus og kraft, kok opp og kok i 4 minutter.

Bland maismel og vann til det blir en pasta, bland i kjelen og fortsett å blande til sausen er klar og tyknet. Hell sausen over rekene og server.

Stekte reker med sesam

for 4 personer

450 g / 1 lb skrellede reker

¬Ω protein

5 ml / 1 ts soyasaus

5 ml / 1 ts sesamolje

50 g / 2 oz / ¬Ω kopp mais (maisstivelse)

Salt og nykvernet hvit pepper

Stek i olje

60 ml / 4 ss sesamfrø

Salatblader

Bland rekene med eggehviten, soyasaus, sesamolje, maisenna, salt og pepper. Hvis blandingen er for tykk, tilsett litt vann. Varm oljen og stek rekene i noen minutter til de er gyldenbrune. I mellomtiden rister du sesamfrøene kort i en tørr panne til de er gyldenbrune. Tøm rekene og bland med sesamfrøene. Server på en salatseng.

Stekt i rekeskall

for 4 personer

60 ml / 4 ss peanøttolje

750 g / 1¬Ω lb reker uten skall

3 frokostløk, finhakket

3 skiver ingefærrot, hakket

2,5 ml / ¬Ω teskje salt

15 ml / 1 ss risvin eller tørr sherry

120 ml / 4 fl oz / ¬Ω kopp tomatsaus (ketchup)

15 ml / 1 ss soyasaus

15 ml / 1 spiseskje sukker

15 ml / 1 ss maismel (maisstivelse)

60 ml / 4 ss vann

Varm oljen og stek rekene i 1 minutt hvis de er kokt eller til de er rosa hvis de er rå. Tilsett vårløk, ingefær, salt og vin eller sherry og stek i 1 minutt. Tilsett tomatsaus, soyasaus og sukker og stek i 1 minutt. Kombiner maismel og vann i en kjele og rør til sausen er klar og tyknet.

Stekte reker

for 4 personer

75 g / 3 oz / hevet ¬ ° kopp mais mais (maisstivelse)

1 eggehvite

5 ml / 1 ts risvin eller tørr sherry

Salt

350 g skrellede reker

Stek i olje

Visp sammen maismel, egg, vin eller sherry og en klype salt til en tykk røre. Dypp rekene i røren til de er godt dekket. Varm oljen og stek rekene i noen minutter til de er gyldenbrune. Fjern fra oljen, varm opp til de er varme og stek rekene igjen til de er sprø og gyldenbrune.

Reker tempura

for 4 personer

450 g / 1 lb skrellede reker

30 ml / 2 ss universalmel

30 ml / 2 ss maismel (maisstivelse)

30 ml / 2 ss vann

2 piskede egg

Stek i olje

Skjær rekene i midten av den indre buen og fordel dem til en sommerfugl. Bland mel, maisstivelse og vann til en deig, og tilsett eggene. Varm oljen og stek rekene til de er gyldenbrune.

Tyggegummi

for 4 personer

30 ml / 2 ss peanøttolje

2 frokostløk (skålløk), finhakket

1 fedd knust hvitløk

1 skive ingefærrot, hakket

100 g kyllingbryst kuttet i strimler

100 g skinke kuttet i strimler

100 g bambusskudd, kuttet i strimler

100 g vannkastanjer kuttet i strimler

225 g skrellede reker

30 ml / 2 ss soyasaus

30 ml / 2 ss risvin eller tørr sherry

5 ml / 1 ts salt

5 ml / 1 ts sukker

5 ml / 1 ts maismel (maisstivelse)

Varm opp oljen og stek vårløk, hvitløk og ingefær gyldenbrun. Tilsett kyllingen og stek i 1 minutt. Tilsett skinke, bambusskudd og vannkastanjer og stek i 3 minutter. Tilsett rekene og stek i 1 minutt. Tilsett soyasaus, vin eller sherry, salt og sukker og stek i 2 minutter. Bland maismelet med litt vann, hell i pannen og kok under omrøring i 2 minutter på lav varme.

Reker med tofu

for 4 personer

45 ml / 3 ss peanøttolje (peanøtt)

225 g tofu i skiver

1 vårløk (skålløk), finhakket

1 fedd knust hvitløk

15 ml / 1 ss soyasaus

5 ml / 1 ts sukker

90 ml / 6 ss fiskejuice

225 g skrellede reker

15 ml / 1 ss maismel (maisstivelse)

45 ml / 3 ss vann

Varm opp halvparten av oljen og stek tofuen til den er gylden, ta deretter ut av pannen. Varm opp den resterende oljen og stek vårløk og hvitløk til de er gyldenbrune. Tilsett soyasaus, sukker og kraft og kok opp. Tilsett rekene og rør over svak varme i 3 minutter. Bland maismel og vann til det blir en pasta, bland det i kjelen og rør til sausen er tykk. Ha tofuen tilbake i pannen og kok varm.

Reker med tomater

for 4 personer

2 egg

30 ml / 2 ss maismel (maisstivelse)

5 ml / 1 ts salt

450 g / 1 lb skrellede reker

Stek i olje

30 ml / 2 ss risvin eller tørr sherry

225 g tomater, skrellet, kuttet og hakket

Bland eggehvitene, maisenna og saltet. Tilsett rekene til de er godt dekket. Varm opp oljen og stek rekene til de er kokte. Tilsett alt unntatt 15 ml / 1 ss olje og varm opp. Tilsett vin eller sherry og tomatene og kok opp. Tilsett rekene og varm raskt opp igjen før servering.

Reker med tomatsaus

for 4 personer

30 ml / 2 ss peanøttolje

1 fedd knust hvitløk

2 skiver ingefærrot, hakket

2,5 ml / ¬Ω teskje salt

15 ml / 1 ss risvin eller tørr sherry

15 ml / 1 ss soyasaus

6 ml / 4 ss tomatsaus (ketchup)

120 ml / 4 fl oz / ¬Ω kopp fiskekraft

350 g skrellede reker

10 ml / 2 ts maismel (maisstivelse)

30 ml / 2 ss vann

Varm oljen og stek hvitløk, ingefær og salt i 2 minutter. Tilsett vin eller sherry, soyasaus, tomatsaus og kraft og kok opp. Tilsett rekene, dekk til og la det småkoke i 2 minutter. Bland maismel og vann til en pasta, bland i pannen og la det småkoke under omrøring til sausen er klar og tyknet.

Reker med tomat og chilisaus

for 4 personer

60 ml / 4 ss peanøttolje

15 ml / 1 ss malt ingefær

15 ml / 1 ss hakket hvitløk

15 ml / 1 ss hakket sitron

60 ml / 4 ss tomatpuré (pasta)

15 ml / 1 ss chilisaus

450 g / 1 lb skrellede reker

15 ml / 1 ss maismel (maisstivelse)

15 ml / 1 spiseskje vann

Varm oljen og fres ingefær, hvitløk og vårløk i 1 minutt. Tilsett tomatpuré og chilisaus og bland godt. Tilsett rekene og stek i 2 minutter. Bland maismel og vann til en pasta, rør i pannen og kok til sausen er tykk. Server umiddelbart.

Stekte reker med tomatsaus

for 4 personer

50 g / 2 oz / ¬Ω kopp universalmel

2,5 ml / ¬Ω teskje salt

1 egg, litt pisket

30 ml / 2 ss vann

450 g / 1 lb skrellede reker

Stek i olje

30 ml / 2 ss peanøttolje

1 finhakket løk

2 skiver ingefærrot, hakket

75 ml / 5 ss tomatsaus (ketchup)

10 ml / 2 ts maismel (maisstivelse)

30 ml / 2 ss vann

Bland mel, salt, egg og vann til skum, tilsett eventuelt litt mer vann. Bland med reker til de er godt dekket. Varm oljen og stek rekene i noen minutter til de er sprø og gyldenbrune. Tøm på absorberende papir.

I mellomtiden, varm oljen og fres løken og ingefæren til den er myk. Tilsett tomatsausen og kok i 3 minutter. Bland maismel og vann til det blir en pasta, bland det i kjelen og rør til sausen er tykk. Tilsett rekene i pannen og stek på lav varme til de er gjennomvarme. Server umiddelbart.

Reker med grønnsaker

for 4 personer

15 ml / 1 ss peanøttolje

225 g / 8 oz brokkolibuketter

225 g sopp

225 g / 8 oz bambusskudd, i skiver

450 g / 1 lb skrellede reker

120 ml / 4 fl oz / ¬Ω kopp kyllingsuppe

5 ml / 1 ts maismel (maisstivelse)

5 ml / 1 ts østerssaus

2,5 ml / ¬Ω teskje sukker

2,5 ml / ¬Ω teskje revet ingefærrot

En klype nykvernet pepper

Varm oljen og stek brokkolien i 1 minutt. Tilsett soppen i bambusskuddet og stek i 2 minutter. Tilsett rekene og stek i 2 minutter. Bland de øvrige ingrediensene og smak til med rekeblandingen. Kok opp, rør og kok i 1 minutt under konstant omrøring.

Reker med vannkastanjer

for 4 personer

60 ml / 4 ss peanøttolje

1 fedd finhakket hvitløk

1 skive ingefærrot, hakket

450 g / 1 lb skrellede reker

30 ml / 2 ss risvin eller tørr sherry 225 g / 8 oz vannkastanjer, hakket

30 ml / 2 ss soyasaus

15 ml / 1 ss maismel (maisstivelse)

45 ml / 3 ss vann

Varm oljen og stek hvitløk og ingefær til de er gyldenbrune. Tilsett rekene og stek i 1 minutt. Tilsett vin eller sherry og bland godt. Tilsett vannkastanjer og stek i 5 minutter. Tilsett de andre ingrediensene og stek i 2 minutter.

Reker Wonton

for 4 personer

450 g skrellede reker, kuttet i små biter
225 g blandede grønnsaker, hakket
15 ml / 1 ss soyasaus
2,5 ml / ¬Ω teskje salt
noen dråper sesamolje
40 wonton skinn
Stek i olje

Bland reker, grønnsaker, soyasaus, salt og sesamolje.

For å brette wontonene holder du skinnet i venstre håndflate og legger litt fyll i midten. Pensle kantene med egg og brett skinnet til en trekant, forsegl kantene. Fukt hjørnene med egg og vri.

Varm oljen og stek wontonsene en etter en til de er gyldenbrune. Rør godt før servering.

Abalone med kylling

for 4 personer

400 g abalone på boks

30 ml / 2 ss peanøttolje

100 g kyllingbryst kuttet i terninger

100 g bambusskudd, kuttet

250 ml / 8 fl oz / 1 kopp fiskekraft

15 ml / 1 ss risvin eller tørr sherry

5 ml / 1 ts sukker

2,5 ml / ¬Ω teskje salt

15 ml / 1 ss maismel (maisstivelse)

45 ml / 3 ss vann

Tøm og skjær abalonen i skiver, behold saften. Varm opp oljen og stek kyllingen til den er lys. Tilsett abalone og bambusskudd og stek i 1 minutt. Tilsett abalonevæsken, kraft, vin eller sherry, sukker og salt, kok opp og kok i 2 minutter. Bland maismel og vann til en pasta og la det småkoke under omrøring til sausen klarner og tykner. Server umiddelbart.

Abalone med asparges

for 4 personer

10 tørkede kinesiske sopp

30 ml / 2 ss peanøttolje

15 ml / 1 spiseskje vann

225 g asparges

2,5 ml / ¬Ω teskje fiskesaus

15 ml / 1 ss maismel (maisstivelse)

225g / 8oz hermetisk abalone, i skiver

60 ml / 4 ss buljong

¬Ω liten gulrot, i skiver

5 ml / 1 ts soyasaus

5 ml / 1 ts østerssaus

5 ml / 1 ts risvin eller tørr sherry

Bløtlegg soppen i varmt vann i 30 minutter, filtrer deretter. Fjern stilkene. Varm 15 ml / 1 ss olje med vann og stek soppen i 10 minutter. Kok i mellomtiden aspargesen i kokende vann til den er myk med fiskesausen og 5 ml / 1 ts mais. Hell godt av og legg i en oppvarmet bolle med soppen. Hold dem varme. Varm opp den resterende oljen og stek abalonen i noen sekunder, og tilsett så buljong, gulrøtter, soyasaus, østerssaus, vin eller sherry og resten av maisenna. Kok i ca. 5 minutter til den er gjennomstekt, hell deretter over aspargesen og server.

Abalone med sopp

for 4 personer

6 tørkede kinesiske sopp

400 g abalone på boks

45 ml / 3 ss peanøttolje (peanøtt)

2,5 ml / ¬Ω teskje salt

15 ml / 1 ss risvin eller tørr sherry

3 løk, skåret i tykke skiver

Bløtlegg soppen i varmt vann i 30 minutter, filtrer deretter. Fjern stilkene og skjær av toppene. Tøm og skjær abalonen i skiver, behold saften. Varm opp olje og salt og stek soppen i 2 minutter. Tilsett abalonevæsken og sherryen, kok opp, legg på lokk og la det småkoke i 3 minutter. Tilsett abalone og blader og fres til de er gjennomvarme. Server umiddelbart.

Abalone med østerssaus

for 4 personer

400 g abalone på boks

15 ml / 1 ss maismel (maisstivelse)

15 ml / 1 ss soyasaus

45 ml / 3 ss østerssaus

30 ml / 2 ss peanøttolje

50 g røkt skinke, hakket

Tøm dosen av abalone, og behold 90 ml/6 ss væske. Bland med mais, soyasaus og østerssaus. Varm oljen og stek den avrente abalonen i 1 minutt. Tilsett sausblandingen og la det småkoke under omrøring til den er varm, ca. 1 minutt. Legg i en varm bolle og server pyntet med skinke.

dampede blåskjell

for 4 personer

24 bjeller

Gni blåskjellene grundig, og bløtlegg dem deretter i saltvann i noen timer. Skyll under rennende vann og legg i en grunn bolle. Legg på rist i en dampkoker, dekk til og damp over kokende vann i ca 10 minutter, til alle musklene har åpnet seg. Avskjedige de som holder stengt. Server med saus.

Muslinger med bønnespirer

for 4 personer

24 bjeller

15 ml / 1 ss peanøttolje

150 g bønnespirer

1 grønn paprika kuttet i strimler

2 frokostløk (skålløk), finhakket

15 ml / 1 ss risvin eller tørr sherry

Salt og nykvernet pepper

2,5 ml / ¬Ω teskje sesamolje

50 g røkt skinke, hakket

Gni blåskjellene grundig, og bløtlegg dem deretter i saltvann i noen timer. Skyll under rennende vann. Kok opp en kjele med vann, tilsett blåskjellene og kok i noen minutter til de åpner seg. Tøm og kast alt som forblir lukket. Fjern musklene fra skjellene.

Varm oljen og stek bønnespirene i 1 minutt. Tilsett paprika og vårløk og stek i 2 minutter. Tilsett vin eller sherry og smak til med salt og pepper. Varm opp, tilsett deretter musklene og rør til det er godt blandet og oppvarmet. Ha i en varm bolle og server med sesamolje og skinke.

Blåskjell med ingefær og hvitløk

for 4 personer

24 bjeller

15 ml / 1 ss peanøttolje

2 skiver ingefærrot, hakket

2 fedd hvitløk, hakket

15 ml / 1 spiseskje vann

5 ml / 1 ts sesamolje

Salt og nykvernet pepper

Gni blåskjellene grundig, og bløtlegg dem deretter i saltvann i noen timer. Skyll under rennende vann. Varm oljen og stek ingefær og hvitløk i 30 sekunder. Tilsett blåskjell, vann og sesamolje, dekk til og la det koke i ca 5 minutter til blåskjellene åpner seg. Avskjedige de som holder stengt. smak til med salt og pepper og server umiddelbart.

Stekte blåskjell

for 4 personer

24 bjeller

60 ml / 4 ss peanøttolje

4 fedd hvitløk, hakket

1 finhakket løk

2,5 ml / ¬Ω teskje salt

Gni blåskjellene grundig, og bløtlegg dem deretter i saltvann i noen timer. Skyll under rennende vann og tørk. Varm oljen og stek hvitløk, løk og salt til de er myke. Tilsett muslingene, dekk til og la det småkoke i ca 5 minutter til alle muslingene åpner seg. Avskjedige de som holder stengt. Stek i ytterligere 1 minutt på svak varme, dryss over olje.

Krabbekaker

for 4 personer

225 g / 8 oz bønnespirer

60 ml / 4 ss peanøttolje 100 g / 4 oz bambusskudd, kuttet i strimler

1 finhakket løk

225 g krabbekjøtt, i flak

4 egg, lett pisket

15 ml / 1 ss maismel (maisstivelse)

30 ml / 2 ss soyasaus

Salt og nykvernet pepper

Blancher bønnespirene i kokende vann i 4 minutter, og sil deretter. Varm opp halvparten av oljen og stek bønnespirer, bambusskudd og løk til de er myke. Ta av varmen og bland inn resten av ingrediensene bortsett fra oljen. Varm opp den resterende oljen i en ren stekepanne og stek spiseskjeen med krabbekjøttblanding i små kaker. Stek på begge sider til de er gyldenbrune, og server deretter umiddelbart.

Krabbekrem

for 4 personer

225 g krabbekjøtt

5 piskede egg

1 vårløk (skålløk) hakket

250 ml / 8 fl oz / 1 kopp vann

5 ml / 1 ts salt

5 ml / 1 ts sesamolje

Bland alle ingrediensene godt. Legg i en bolle, dekk til og legg i en dobbel kjele over varmt vann eller på en damprist. La det småkoke i ca 35 minutter til det er kremaktig, rør av og til. Server med ris.

Kinesisk bladkrabbekjøtt

for 4 personer

450 g / 1 lb kinesiske blader, strimlet

45 ml / 3 ss vegetabilsk olje

2 frokostløk (skålløk), finhakket

225 g krabbekjøtt

15 ml / 1 ss soyasaus

15 ml / 1 ss risvin eller tørr sherry

5 ml / 1 ts salt

Blancher kinesiske blader i kokende vann i 2 minutter, tøm deretter godt og skyll med kaldt vann. Varm oljen og stek vårløken til den er gyldenbrun. Tilsett krabbekjøttet og stek i 2 minutter. Tilsett de kinesiske bladene og stek i 4 minutter. Tilsett soyasaus, vin eller sherry og salt og bland godt. Tilsett buljong og maismel, kok opp og la det småkoke under omrøring i 2 minutter til sausen blir lysere og tykner.

Foo Yung krabbe med bønnespirer

for 4 personer

6 piskede egg

45 ml / 3 ss maismel (maisstivelse)

225 g krabbekjøtt

100 g bønnespirer

2 frokostløk (skålløk), finhakket

2,5 ml / ¬Ω teskje salt

45 ml / 3 ss peanøttolje (peanøtt)

Pisk egget og tilsett deretter maismelet. Bland resten av ingrediensene unntatt oljen. Varm oljen og hell blandingen jevnt i pannen for å lage små pannekaker på ca 7,5 cm bredde. Stek løken til den er gyldenbrun, snu den og stek den andre siden til den er brun.

Ingefær krabbe

for 4 personer

15 ml / 1 ss peanøttolje

2 skiver ingefærrot, hakket

4 frokostløk, finhakket

3 fedd hvitløk, hakket

1 hakket rød paprika

350 g krabbekjøtt, i flak

2,5 ml / ½ teskje fiskepasta

2,5 ml / ½ teskje sesamolje

15 ml / 1 ss risvin eller tørr sherry

5 ml / 1 ts maismel (maisstivelse)

15 ml / 1 spiseskje vann

Varm oljen og fres ingefær, vårløk, hvitløk og chili i 2 minutter. Tilsett krabbekjøttet og rør til det er godt dekket med krydder. Tilsett fiskepastaen. Bland resten av ingrediensene til du får en pasta, tilsett den deretter i pannen og stek i 1 minutt. Server umiddelbart.

Krabbe Lo Mein

for 4 personer

100 g bønnespirer

30 ml / 2 ss peanøttolje

5 ml / 1 ts salt

1 finhakket løk

100 g sopp, i skiver

225 g krabbekjøtt, i flak

100 g bambusskudd, kuttet

Grillet pasta

30 ml / 2 ss soyasaus

5 ml / 1 ts sukker

5 ml / 1 ts sesamolje

Salt og nykvernet pepper

Blancher bønnespirene i kokende vann i 5 minutter, og sil deretter. Varm olje og salt og fres løken til den er myk. Tilsett soppen og stek til den er myk. Tilsett krabbekjøttet og stek i 2 minutter. Tilsett bønnespirene og bambusskuddene og stek i 1 minutt. Tilsett den avrente pastaen i pannen og bland forsiktig. Bland soyasaus, sukker og sesamolje, smak til med salt og pepper. Rør til det er varmt i pannen.

Stekt krabbe med svinekjøtt

for 4 personer

30 ml / 2 ss peanøttolje

100 g svinekjøtt (hakket)

350 g krabbekjøtt, i flak

2 skiver ingefærrot, hakket

2 egg, lett pisket

15 ml / 1 ss soyasaus

15 ml / 1 ss risvin eller tørr sherry

30 ml / 2 ss vann

Salt og nykvernet pepper

4 løk, kuttet i strimler

Varm opp oljen og stek svinekjøttet til det er lyst. Tilsett krabbekjøttet og ingefæren og stek i 1 minutt. Tilsett egg. Tilsett soyasaus, vin eller sherry, vann, salt og pepper og rør i ca 4 minutter. Server pyntet med snø.

Stekt krabbekjøtt

for 4 personer

30 ml / 2 ss peanøttolje

450 g / 1 lb krabbekjøtt, i skiver

2 frokostløk (skålløk), finhakket

2 skiver ingefærrot, hakket

30 ml / 2 ss soyasaus

30 ml / 2 ss risvin eller tørr sherry

2,5 ml / ¬Ω teskje salt

15 ml / 1 ss maismel (maisstivelse)

60 ml / 4 ss vann

Varm oljen og stek krabbekjøttet, vårløken og ingefæren i 1 minutt. Tilsett soyasaus, vin eller sherry og salt, dekk til og kok i 3 minutter. Bland maismel og vann til det blir en pasta, bland i kjelen og fortsett å blande til sausen er klar og tyknet.

stekte blekksprutballer

for 4 personer

450 g / 1 pund blekksprut

50 g fett, hakket

1 eggehvite

2,5 ml / ¬Ω teskje sukker

2,5 ml / ¬Ω teskje maisstivelse (maisstivelse)

Salt og nykvernet pepper

Stek i olje

Skjær blekkspruten i skiver og terninger eller puré. Bland med fett, eggehvite, sukker og maizena, og smak til med salt og pepper. Trykk blandingen til kuler. Varm oljen og stek om nødvendig blekksprutkulene i deler til de flyter til overflaten og blir gyldenbrune. Hell godt av og server umiddelbart.

Kantonesisk hummer

for 4 personer

2 hummere

30 ml / 2 ss olje

15 ml / 1 ss svart bønnesaus

1 fedd knust hvitløk

1 finhakket løk

225 g svinekjøtt (hakket)

45 ml / 3 ss soyasaus

5 ml / 1 ts sukker

Salt og nykvernet pepper

15 ml / 1 ss maismel (maisstivelse)

75 ml / 5 ss vann

1 sammenvispet egg

Skjær hummeren i biter, fjern kjøttet og skjær i terninger på 2,5 cm. Varm oljen og fres den svarte bønnesausen, hvitløken og løken til den er gyldenbrun. Tilsett svinekjøttet og stek til det er gyldenbrunt. Tilsett soyasaus, sukker, salt, pepper og hummer, dekk til og kok i ca 10 minutter. Bland maismel og vann til en pasta, bland i pannen og la det småkoke under omrøring til sausen er klar og tyknet. Før servering, skru av varmen og tilsett egget.

stekt hummer

for 4 personer

450 g hummerkjøtt

30 ml / 2 ss soyasaus

5 ml / 1 ts sukker

1 sammenvispet egg

30 ml / 3 ss universalmel

Stek i olje

Skjær hummerkjøtt i 2,5 cm terninger og bland med soyasaus og sukker. La hvile i 15 minutter, filtrer deretter. Bland egget og melet sammen, tilsett deretter hummeren og bland godt til belegg. Varm oljen og stek hummeren til den er gyldenbrun. Hell av på kjøkkenpapir før servering.

Dampet hummer med skinke

for 4 personer

4 egg, lett pisket

60 ml / 4 ss vann

5 ml / 1 ts salt

15 ml / 1 ss soyasaus

450g / 1lb hummerkjøtt, flak

15 ml / 1 ss hakket røkt skinke

15 ml / 1 ss hakket fersk persille

Pisk eggene med vann, salt og soyasaus. Hell over i en ildfast form og dryss over hummerkjøtt. Sett bollen på en rist i en dampkoker, dekk til og damp i 20 minutter til egget stivner. Server garnert med skinke og persille.

Hummer med sopp

for 4 personer

450 g hummerkjøtt

15 ml / 1 ss maismel (maisstivelse)

60 ml / 4 ss vann

30 ml / 2 ss peanøttolje

4 vårløk, kuttet i tykke skiver

100 g sopp, i skiver

2,5 ml / ¬Ω teskje salt

1 fedd knust hvitløk

30 ml / 2 ss soyasaus

15 ml / 1 ss risvin eller tørr sherry

Skjær hummerkjøtt i terninger på 2,5 cm. Bland maismel og vann til en pasta og rør hummerterningene inn i blandingen for å belegge. Varm opp halvparten av oljen og stek hummerterningene lett brune, ta ut av pannen. Varm opp den resterende oljen og stek vårløken til den er gyldenbrun. Tilsett soppen og stek i 3 minutter. Tilsett salt, hvitløk, soyasaus og vin eller sherry og stek i 2 minutter. Ha hummeren tilbake i pannen og kok til den er gjennomvarme.

Hummerhaler med svinekjøtt

for 4 personer

3 tørkede kinesiske sopp

4 hummerhaler

60 ml / 4 ss peanøttolje

100 g svinekjøtt (hakket)

50 g vannkastanjer, finhakket

Salt og nykvernet pepper

2 fedd hvitløk, hakket

45 ml / 3 ss soyasaus

30 ml / 2 ss risvin eller tørr sherry

30 ml / 2 ss svart bønnesaus

10 ml / 2 ss maismel (maisstivelse)

120 ml / 4 fl oz / ¬Ω kopp vann

Bløtlegg soppen i varmt vann i 30 minutter, filtrer deretter. Kast stilkene og skjær av toppene. Skjær hummerhalen i to på langs. Fjern kjøttet fra hummerhalene, ta vare på skjellene. Varm opp halvparten av oljen og stek svinekjøttet til det er lyst. Ta av varmen og rør inn sopp, hummerkjøtt, vannkastanjer, salt og pepper. Ha kjøttet tilbake i hummerskallet og legg i en panne. Legg på rist i dampkokeren, dekk til og la stå i ca. 20 minutter til den er gyldenbrun. I mellomtiden, varm opp den gjenværende oljen og fres hvitløk, soyasaus, vin eller sherry og svarte bønnesaus i 2 minutter. Bland maismel og vann til det blir en pasta, ha det i en panne og la det småkoke under omrøring til sausen tykner. Legg hummeren på en kokeplate,

Stekt hummer

for 4 personer

450 g / 1 lb hummerhale

30 ml / 2 ss peanøttolje

1 fedd knust hvitløk

2,5 ml / ¬Ω teskje salt

350 g bønnespirer

50 g sopp

4 vårløk, kuttet i tykke skiver

150 ml / ¬° pt / sjenerøs ¬Ω kopp kyllingsuppe

15 ml / 1 ss maismel (maisstivelse)

Kok opp en kjele med vann, tilsett hummerhalene og kok i 1 minutt. Tøm, avkjøl, fjern skinnet og skjær i tykke skiver. Varm oljen med hvitløk og salt og stek til hvitløken er litt gyldenbrun. Tilsett hummer og stek i 1 minutt. Tilsett bønnespirer og sopp og stek i 1 minutt. Legg til snø. Tilsett mesteparten av buljongen, kok opp, dekk til og la det småkoke i 3 minutter. Bland maismelet med den resterende buljongen, bland i kjelen og rør til sausen er klar og tykk.

Hummerredet

for 4 personer

30 ml / 2 ss peanøttolje

5 ml / 1 ts salt

1 løk, finhakket

100 g sopp, i skiver

100 g bambusskudd, i skiver 225 g / 8 oz kokt hummerkjøtt

15 ml / 1 ss risvin eller tørr sherry

120 ml / 4 fl oz / ¬Ω kopp kyllingsuppe

En klype nykvernet pepper

10 ml / 2 ts maismel (maisstivelse)

15 ml / 1 spiseskje vann

4 kurver med pasta

Varm olje og salt og fres løken til den er myk. Tilsett soppen i bambusskuddet og stek i 2 minutter. Tilsett hummerkjøtt, vin eller sherry og buljong, kok opp, dekk til og stek i 2 minutter. Smak til med pepper. Bland maismel og vann til det blir en pasta, bland det i kjelen og rør til sausen er tykk. Anrett pastaredet på en varm tallerken og pynt med den stekte hummeren.

Blåskjell i svart bønnesaus

for 4 personer

45 ml / 3 ss peanøttolje (peanøtt)
2 fedd hvitløk, hakket
2 skiver ingefærrot, hakket
30 ml / 2 ss svart bønnesaus
15 ml / 1 ss soyasaus
1,5 kg / 3 lbs muslinger, vasket og renset
2 frokostløk (skålløk), finhakket

Varm oljen og stek hvitløk og ingefær i 30 sekunder. Tilsett den svarte bønnesausen og soyasausen og rør i 10 sekunder. Tilsett blåskjellene, dekk til og kok i ca 6 minutter til blåskjellene åpner seg. Avskjedige de som holder stengt. Ha i en varm bolle og server med sitronsaft.

Blåskjell med ingefær

for 4 personer

45 ml / 3 ss peanøttolje (peanøtt)
2 fedd hvitløk, hakket
4 skiver ingefærrot, hakket
1,5 kg / 3 lbs muslinger, vasket og renset
45 ml / 3 ss vann
15 ml / 1 ss østerssaus

Varm oljen og stek hvitløk og ingefær i 30 sekunder. Tilsett blåskjellene i vannet, dekk til og kok i ca 6 minutter, til blåskjellene åpner seg. Avskjedige de som holder stengt. Ha i en varm bolle og server med østerssaus.

Dampet blåskjell

for 4 personer

1,5 kg / 3 lbs muslinger, vasket og renset

45 ml / 3 ss soyasaus

3 frokostløk, finhakket

Legg blåskjellene på grillen, i en dampkoker, dekk til og damp i kokende vann i ca 10 minutter til alle blåskjellene har åpnet seg. Avskjedige de som holder stengt. Legg i en varm bolle og server drysset med soyasaus og hvitløk.

stekte østers

for 4 personer

24 skjell østers

Salt og nykvernet pepper

1 sammenvispet egg

50 g / 2 oz / ¬Ω kopp universalmel

250 ml / 8 fl oz / 1 kopp vann

Stek i olje

4 frokostløk, finhakket

Dryss østersen med salt og pepper. Pisk egget med melet og vannet og bruk til å belegge østersene. Varm oljen og stek østersene til de er gyldenbrune. Hell av på kjøkkenpapir og server pyntet med vårløk.

Østers med bacon

for 4 personer

175 g bacon

24 skjell østers

1 egg, litt pisket

15 ml / 1 spiseskje vann

45 ml / 3 ss peanøttolje (peanøtt)

2 finhakkede løk

15 ml / 1 ss maismel (maisstivelse)

15 ml / 1 ss soyasaus

90 ml / 6 ss kyllingbuljong

Skjær baconet i biter og surr et stykke rundt hver østers. Pisk egget med vannet, dypp deretter i østersen for å belegge. Varm opp halvparten av oljen og stek østersene på begge sider til de er gyldenbrune, ta dem deretter ut av pannen og renn av fettet. Varm opp resten av oljen og stek løken til den er myk. Bland mais, soyasaus og buljong til du får en pasta, tilsett det i kjelen og la det småkoke under omrøring til sausen blir klar og tykner. Overfør østersene og server umiddelbart.

Stekt ingefær østers

for 4 personer

24 skjell østers

2 skiver ingefærrot, hakket

30 ml / 2 ss soyasaus

15 ml / 1 ss risvin eller tørr sherry

4 løk, kuttet i strimler

100 g bacon

1 egg

50 g / 2 oz / ¬Ω kopp universalmel

Salt og nykvernet pepper

Stek i olje

1 sitron skåret i skiver

Legg østersene i en bolle med ingefær, soyasaus og vin eller sherry og bland godt til belegg. La hvile i 30 minutter. Legg noen strimler med vårløk på hver østers. Skjær baconet i biter og surr et stykke rundt hver østers. Pisk egg og mel til en deig, og smak til med salt og pepper. Dypp østersene i røren til de er godt dekket. Varm oljen og stek østersene til de er gyldenbrune. Server pyntet med sitronskiver.

Østers med svart bønnesaus

for 4 personer

350 g shucked østers

120 ml / 4 fl oz / ¬Ω kopp peanøttolje (peanøtt)

2 fedd hvitløk, hakket

3 frokostløk (skålløk), i skiver

15 ml / 1 ss svart bønnesaus

30 ml / 2 ss mørk soyasaus

15 ml / 1 ss sesamolje

en klype chilipulver

Blancher østersene i kokende vann i 30 sekunder, og la dem renne av. Varm oljen og stek hvitløk og vårløk i 30 sekunder. Tilsett svartbønnesaus, soyasaus, sesamolje og østers og smak til med chilipulver. Kok veldig varmt og server umiddelbart.

Kamskjell med bambusskudd

for 4 personer

60 ml / 4 ss peanøttolje

6 frokostløk, finhakket

225 g sopp i kvarte

15 ml / 1 spiseskje sukker

450 g / 1 lb avskallede muslinger

2 skiver ingefærrot, hakket

225 g / 8 oz bambusskudd, i skiver

Salt og nykvernet pepper

300 ml / ¬Ω pt / 1 ¬° kopp vann

30 ml / 2 ss vineddik

30 ml / 2 ss maismel (maisstivelse)

150 ml / ¬° pt / sjenerøs ¬Ω kopp vann

45 ml / 3 ss soyasaus

Varm oljen og stek vårløk og sopp i 2 minutter. Tilsett sukker, muslinger, ingefær, bambusskudd, salt og pepper, dekk til og kok i 5 minutter. Tilsett vann og vineddik, kok opp, dekk til og la det småkoke i 5 minutter. Bland maismel og vann til det blir en pasta, bland det i kjelen og rør til sausen er tykk. Hell over soyasaus og server.

Kamskjell med egg

for 4 personer

45 ml / 3 ss peanøttolje (peanøtt)
350 g blåskjell med skall
25 g røkt skinke, hakket
30 ml / 2 ss risvin eller tørr sherry
5 ml / 1 ts sukker
2,5 ml / ¬Ω teskje salt
En klype nykvernet pepper
2 egg, lett pisket
15 ml / 1 ss soyasaus

Varm opp oljen og stek blåskjellene i 30 sekunder. Tilsett skinke og stek i 1 minutt. Tilsett vin eller sherry, sukker, salt og pepper og stek i 1 minutt. Tilsett eggene og rør lett over høy varme til ingrediensene er godt dekket med egget. Server drysset med soyasaus.

Kamskjell med brokkoli

for 4 personer

350 g blåskjell i skiver

3 skiver ingefærrot, hakket

¬Ω liten gulrot, i skiver

1 fedd knust hvitløk

45 ml / 3 ss vanlig mel (alle formål)

2,5 ml / ¬Ω teskje natron (bakepulver)

30 ml / 2 ss peanøttolje

15 ml / 1 spiseskje vann

1 skivet banan

Stek i olje

275 g brokkoli

Salt

5 ml / 1 ts sesamolje

2,5 ml / ¬Ω teskje chilisaus

2,5 ml / ¬Ω teskje vineddik

2,5 ml / ¬Ω teskje tomatpuré (pasta)

Bland musklene med ingefær, gulrot og hvitløk og la det sitte. Bland mel, bakepulver, 15 ml / 1 ss olje og vann til en pasta og skjær bananskivene. Varm oljen og stek bananene til de er gyldne, la de renne av og legg dem på en varm plate. Kok i mellomtiden brokkolien i saltet vann til den er mør, og la den renne av. Varm opp den resterende oljen med sesamolje og stek brokkolien kort, og omslut den deretter med plantains. Tilsett chilisaus, vineddik og tomatpuré i pannen og kok kamskjellene til de er gjennomstekt. Hell over i en serveringsbolle og server umiddelbart.

Kamskjell med ingefær

for 4 personer

45 ml / 3 ss peanøttolje (peanøtt)

2,5 ml / ¬Ω teskje salt

3 skiver ingefærrot, hakket

2 løk, skåret i tykke skiver

450 g kamskjell i skallet, delt i to

15 ml / 1 ss maismel (maisstivelse)

60 ml / 4 ss vann

Varm oljen og stek salt og ingefær i 30 sekunder. Tilsett snø og stek til den er lett brun. Tilsett kamskjellene og stek i 3 minutter. Bland maismel og vann til det blir en pasta, tilsett det i pannen og kok under omrøring på lav varme til det tykner. Server umiddelbart.

Kamskjell med skinke

for 4 personer

450 g kamskjell i skallet, delt i to
250 ml / 1 kopp risvin eller tørr sherry
1 finhakket løk
2 skiver ingefærrot, hakket
2,5 ml / ¬Ω teskje salt
100 g røkt skinke, hakket

Legg kamskjellene i en bolle og tilsett vin eller sherry. Dekk til og mariner i 30 minutter, snu av og til, tøm deretter kamskjellene og kast marinaden. Anrett kamskjellene med de andre ingrediensene i en panne. Sett kjelen på en damprist, dekk til og damp i kokende vann i ca 6 minutter, til kamskjellene er myke.

Egg med kamskjell og urter

for 4 personer

225 g skrelte kamskjell

30 ml / 2 ss hakket fersk koriander

4 sammenpiskede egg

15 ml / 1 ss risvin eller tørr sherry

Salt og nykvernet pepper

15 ml / 1 ss peanøttolje

Ha kamskjellene i en dampkoker og damp i ca 3 minutter til de er gjennomstekt, avhengig av størrelsen. Ta ut av dampkokeren og strø over koriander. Pisk eggene med vin eller sherry og tilsett salt og pepper etter smak. Tilsett blåskjell og koriander. Varm opp oljen og stek egg-kamskjellblandingen under kontinuerlig omrøring til egget stivner. Server umiddelbart.

Grillede blåskjell og løk

for 4 personer

45 ml / 3 ss peanøttolje (peanøtt)
1 finhakket løk
450 g avskallede blåskjell skåret i kvarte
Salt og nykvernet pepper
15 ml / 1 ss risvin eller tørr sherry

Varm oljen og stek løken til den er myk. Tilsett kamskjellene og stek til de er gyldenbrune. Smak til med salt og pepper, deglaser med vin eller sherry og server umiddelbart.

Kamskjell med grønnsaker

til 4,6

4 tørkede kinesiske sopp

2 løk

30 ml / 2 ss peanøttolje

3 stilker selleri, kuttet diagonalt

225 g grønne bønner, kuttet diagonalt

10 ml / 2 ts revet ingefærrot

1 fedd knust hvitløk

20 ml / 4 ts maismel (maisstivelse)

250 ml / 8 fl oz / 1 kopp kyllingkraft

30 ml / 2 ss risvin eller tørr sherry

30 ml / 2 ss soyasaus

450 g avskallede blåskjell skåret i kvarte

6 frokostløk (skålløk), i skiver

425g / 15oz hermetisk maiskolber

Bløtlegg soppen i varmt vann i 30 minutter, filtrer deretter. Fjern stilkene og skjær av toppene. Skjær løken i ringer, skille lagene. Varm oljen og stek løk, selleri, bønner, ingefær og hvitløk i 3 minutter. Bland maismelet med litt kraft, og bland deretter med den resterende kraften, vin eller sherry og soyasaus. Legg dem i woken og kok opp under omrøring. Tilsett sopp, blåskjell, løk og mais og stek i ca 5 minutter til blåskjellene er møre.

Kamskjell med paprika

for 4 personer

30 ml / 2 ss peanøttolje

3 frokostløk, finhakket

1 fedd knust hvitløk

2 skiver ingefærrot, hakket

2 røde paprika i skiver

450 g / 1 lb avskallede muslinger

30 ml / 2 ss risvin eller tørr sherry

15 ml / 1 ss soyasaus

15 ml / 1 ss gul bønnesaus

5 ml / 1 ts sukker

5 ml / 1 ts sesamolje

Varm oljen og stek vårløk, hvitløk og ingefær i 30 sekunder. Tilsett paprikaen og stek i 1 minutt. Tilsett kamskjellene og fres i 30 sekunder, tilsett deretter resten av ingrediensene og stek i ca 3 minutter, til kamskjellene er møre.

Blekksprut med bønnespirer

for 4 personer

450 g / 1 pund blekksprut

30 ml / 2 ss peanøttolje

15 ml / 1 ss risvin eller tørr sherry

100 g bønnespirer

15 ml / 1 ss soyasaus

Salt

1 rød paprika, revet

2 skiver ingefærrot, revet

2 frokostløk (skålløk), revet

Fjern hodet, ermet og membranen fra blekkspruten og skjær i store biter. Klipp et mønster over hver del. Kok opp en kjele med vann, tilsett blekkspruten og kok på middels varme til bitene ruller seg sammen, sil og renne av. Varm opp halvparten av oljen og stek blekkspruten raskt. Deglaser med vin eller sherry. I mellomtiden, varm opp den resterende oljen og damp bønnespirene til de er myke. Smak til med soyasaus og salt. Anrett chili, ingefær og vårløk rundt et serveringsfat. Legg bønnespiren i midten og topp med dumplings. Server umiddelbart.

fritert blekksprut

for 4 personer

50 g universalmel

25 g / 1 oz / ¬ ° kopp maisstivelse (maisstivelse)

2,5 ml / ¬Ω teskje bakepulver

2,5 ml / ¬Ω teskje salt

1 egg

75 ml / 5 ss vann

15 ml / 1 ss peanøttolje

450 g blekksprut, kuttet i ringer

Stek i olje

Bland mel, maisstivelse, bakepulver, salt, egg, vann og olje til en deig. Dypp blekkspruten i røren til den er godt dekket. Varm opp oljen og stek blekkspruten noen om gangen til de er gyldenbrune. Hell av på kjøkkenpapir før servering.

blekksprutpakker

for 4 personer

8 tørkede kinesiske sopp

450 g / 1 pund blekksprut

100 g røkt skinke

100 g tofu

1 sammenvispet egg

15 ml / 1 ss universalmel

2,5 ml / ½ teskje sukker

2,5 ml / ½ teskje sesamolje

Salt og nykvernet pepper

8 wonton skinn

Stek i olje

Bløtlegg soppen i varmt vann i 30 minutter, filtrer deretter. Fjern stilkene. Rens blekkspruten og skjær den i 8 deler. Skjær skinken og tofuen i 8 deler. Legg dem alle i en bolle. Bland eggene med mel, sukker, sesamolje, salt og pepper. Hell ingrediensene i bollen og bland forsiktig. Plasser et sopphode og et stykke blekksprut, skinke og tofu rett under midten av hvert wontonskinn. Brett inn nederste hjørne, brett sidene, rull deretter opp, fukt kantene med vann for å forsegle. Varm oljen og stek klumpene i ca 8 minutter til de er gyldenbrune. Rør godt før servering.

stekt blekksprutrull

for 4 personer

45 ml / 3 ss peanøttolje (peanøtt)
225 g blekksprutringer
1 stor grønn paprika, kuttet i biter
100 g bambusskudd, kuttet
2 frokostløk (skålløk), finhakket
1 skive ingefærrot, finhakket
45 ml / 2 ss soyasaus
30 ml / 2 ss risvin eller tørr sherry
15 ml / 1 ss maismel (maisstivelse)
15 ml / 1 ss fiskejuice eller vann
5 ml / 1 ts sukker
5 ml / 1 ts vineddik
5 ml / 1 ts sesamolje
Salt og nykvernet pepper

Varm opp 15 ml / 1 ss olje og stek raskt blekkspruten til den er godt forseglet. Varm i mellomtiden opp den resterende oljen i en egen panne og stek pepper, bambusskudd, vårløk og ingefær i den i 2 minutter. Tilsett blekkspruten og stek i 1 minutt. Tilsett soyasaus, vin eller sherry, mais, kraft, sukker, vineddik og sesamolje, og smak til med salt og pepper. La det småkoke til sausen klarner og tykner.

Stekt boks

for 4 personer

45 ml / 3 ss peanøttolje (peanøtt)

3 løk, skåret i tykke skiver

2 skiver ingefærrot, hakket

450 g blekksprut, kuttet i biter

15 ml / 1 ss soyasaus

15 ml / 1 ss risvin eller tørr sherry

5 ml / 1 ts maismel (maisstivelse)

15 ml / 1 spiseskje vann

Varm oljen og fres vårløken og ingefæren til den er myk. Tilsett blekkspruten og stek til de er dekket med olje. Tilsett soyasaus og vin eller sherry, dekk til og kok i 2 minutter. Bland maismel og vann til det blir en pasta, tilsett det i pannen og kok på lav varme under omrøring til sausen tykner og blekkspruten er myk.

Blekksprut med tørket sopp

for 4 personer

50 g tørket kinesisk sopp
450 g / 1 lb blekksprutringer
45 ml / 3 ss peanøttolje (peanøtt)
45 ml / 3 ss soyasaus
2 frokostløk (skålløk), finhakket
1 skive ingefærrot, hakket
225g bambusskudd, kuttet i strimler
30 ml / 2 ss maismel (maisstivelse)
150 ml / ¬° pt / sjenerøs ¬Ω kopp fiskesuppe

Bløtlegg soppen i varmt vann i 30 minutter, filtrer deretter. Fjern stilkene og skjær av toppene. Blancher blekkspruten i kokende vann i noen sekunder. Varm opp oljen, tilsett så sopp, soyasaus, vårløk og ingefær og stek i 2 minutter. Legg blekkspruten i bambusspydet og stek i 2 minutter. Bland maismel og buljong, deretter i pannen. Kok på lav varme under omrøring til sausen klarner og tykner.

Blekksprut med grønnsaker

for 4 personer

45 ml / 3 ss peanøttolje (peanøtt)

1 finhakket løk

5 ml / 1 ts salt

450 g blekksprut, kuttet i biter

100 g bambusskudd, kuttet

2 strimler selleri, kuttet diagonalt

60 ml / 4 ss kyllingbuljong

5 ml / 1 ts sukker

100 g søte erter

5 ml / 1 ts maismel (maisstivelse)

15 ml / 1 spiseskje vann

Varm oljen og stek løk og salt til den er gyldenbrun. Tilsett blekkspruten og stek til den trekker til seg oljen. Tilsett bambusskudd og selleri og stek i 3 minutter. Tilsett buljong og sukker, kok opp, dekk til og kok i 3 minutter til grønnsakene er myke. Tilsett baconet. Bland maismel og vann til det blir en pasta, bland det i kjelen og rør til sausen er tykk.

Biff med anis

for 4 personer

30 ml / 2 ss peanøttolje

450 g filetbiff

1 fedd knust hvitløk

45 ml / 3 ss soyasaus

15 ml / 1 spiseskje vann

15 ml / 1 ss risvin eller tørr sherry

5 ml / 1 ts salt

5 ml / 1 ts sukker

2 skiver stjerneanis

Varm oljen og stek kjøttet på alle sider til det er gyldenbrunt. Tilsett resten av ingrediensene, kok opp, legg på lokk og stek i ca 45 minutter, vend deretter kjøttet og tilsett litt mer vann og soyasaus når kjøttet er tørt. Stek i ytterligere 45 minutter til kjøttet er mørt. Fjern stjerneanisen før servering.

Kalvekjøtt med asparges

for 4 personer

450 g / 1 kilo storfekjøtt, kuttet i terninger

30 ml / 2 ss soyasaus

30 ml / 2 ss risvin eller tørr sherry

45 ml / 3 ss maismel (maisstivelse)

45 ml / 3 ss peanøttolje (peanøtt)

5 ml / 1 ts salt

1 fedd knust hvitløk

350 g asparges

120 ml / 4 fl oz / ¬Ω kopp kyllingsuppe

15 ml / 1 ss soyasaus

Legg biffen i en bolle. Bland soyasaus, vin eller sherry og 30 ml / 2 ss maismel, hell over filetene og bland godt. La det marinere i 30 minutter. Varm oljen med salt og hvitløk og stek til hvitløken er litt gyldenbrun. Tilsett kjøttet i marinaden og stek i 4 minutter. Tilsett asparges og stek i 2 minutter. Tilsett buljong og soyasaus, kok opp og kok under omrøring i 3 minutter til kjøttet er mørt. Bland det resterende maismelet med litt mer vann eller buljong og tilsett sausen. Kok på lav varme under omrøring i noen minutter til sausen lysner og tykner.

Biff med bambusskudd

for 4 personer

45 ml / 3 ss peanøttolje (peanøtt)
1 fedd knust hvitløk
1 vårløk (skålløk), finhakket
1 skive ingefærrot, hakket
225 g magert biff kuttet i strimler
100 g / 4 oz bambusskudd
45 ml / 3 ss soyasaus
15 ml / 1 ss risvin eller tørr sherry
5 ml / 1 ts maismel (maisstivelse)

Varm oljen og fres hvitløk, vårløk og ingefær gyldenbrun. Tilsett kjøttet og stek i 4 minutter til det er lett brunt. Tilsett bambusskuddene og stek i 3 minutter. Tilsett soyasaus, vin eller sherry og maisstivelse og stek i 4 minutter.

Biff med bambusskudd og sopp

for 4 personer

225 g magert biff

45 ml / 3 ss peanøttolje (peanøtt)

1 skive ingefærrot, hakket

100 g bambusskudd, kuttet

100 g sopp, i skiver

45 ml / 3 ss risvin eller tørr sherry

5 ml / 1 ts sukker

10 ml / 2 ts soyasaus

salt pepper

120 ml / 4 fl oz / ¬Ω kopp biffbuljong

15 ml / 1 ss maismel (maisstivelse)

30 ml / 2 ss vann

Skjær kjøttet i tynne skiver mot kornet. Varm oljen og stek ingefæren i noen sekunder. Tilsett kjøttet og stek til det er gyldenbrunt. Tilsett bambusskuddene og soppen og stek i 1 minutt. Tilsett vin eller sherry, sukker og soyasaus, og smak til med salt og pepper. Tilsett suppen, kok opp, dekk til og kok i 3 minutter. Bland maismel og vann sammen i kjelen og rør til sausen er tykk.

Kinesisk stekt biff

for 4 personer

45 ml / 3 ss peanøttolje (peanøtt)

900 g ribeye biff

1 vårløk (skuldre), i skiver

1 fedd finhakket hvitløk

1 skive ingefærrot, hakket

60 ml / 4 ss soyasaus

30 ml / 2 ss risvin eller tørr sherry

5 ml / 1 ts sukker

5 ml / 1 ts salt

en klype pepper

750 ml / punkt 1 / 3 kopper kokende vann

Varm opp oljen og stek kjøttet raskt på alle sider. Tilsett vårløk, hvitløk, ingefær, soyasaus, vin eller sherry, sukker, salt og pepper. Kok opp under omrøring. Tilsett kokende vann, kok opp igjen, rør om, dekk til og la det småkoke i ca 2 timer til kjøttet er mørt.

Biff med bønnespirer

for 4 personer

450 g magert biff, i skiver

1 eggehvite

30 ml / 2 ss peanøttolje

15 ml / 1 ss maismel (maisstivelse)

15 ml / 1 ss soyasaus

100 g bønnespirer

25 g / 1 oz kål, strimlet

1 rød paprika, revet

2 frokostløk (skålløk), revet

2 skiver ingefærrot, revet

Salt

5 ml / 1 ts østerssaus

5 ml / 1 ts sesamolje

Bland kjøttet med eggehviten, halvparten av oljen, maizena og soyasaus, og la det hvile i 30 minutter. Blancher bønnespirene i kokende vann i ca 8 minutter til de er nesten møre, og la dem renne av. Varm opp den resterende oljen og brun kjøttet lett, og ta det deretter ut av pannen. Tilsett kål, chili, ingefær, salt, østerssaus og sesamolje og stek i 2 minutter. Tilsett bønnespirene og stek i 2 minutter. Ha kjøttet tilbake i pannen og stek til det er godt blandet og gjennomvarmet. Server umiddelbart.

Biff med brokkoli

for 4 personer

450 g / 1 lb indrefilet av storfe, tynne skiver
30 ml / 2 ss maismel (maisstivelse)
15 ml / 1 ss risvin eller tørr sherry
15 ml / 1 ss soyasaus
30 ml / 2 ss peanøttolje
5 ml / 1 ts salt
1 fedd knust hvitløk
225 g / 8 oz brokkolibuketter
150 ml / ¬° pt / sjenerøs ¬Ω kopp storfebuljong

Legg biffen i en bolle. Bland 15 ml / 1 ss maismel med vin eller sherry og soyasaus, tilsett kjøttet og mariner i 30 minutter. Varm oljen med salt og hvitløk og stek til hvitløken er litt gyldenbrun. Tilsett biffen i marinaden og brun i 4 minutter. Tilsett brokkolien og stek i 3 minutter. Tilsett kraften, kok opp, dekk til og kok i 5 minutter, til brokkolien er myk, men fortsatt sprø. Bland resten av maismelet med litt vann og tilsett sausen. Kok på lav varme under omrøring til sausen blir gjennomsiktig og tykner.

Biff med sesamfrø og brokkoli

for 4 personer

150 g magert biff, i tynne skiver

2,5 ml / ½ teskje østerssaus

5 ml / 1 ts maismel (maisstivelse)

5 ml / 1 ts hvitvinseddik

60 ml / 4 ss peanøttolje

100 g / 4 oz brokkolibuketter

5 ml / 1 ts fiskesaus

2,5 ml / ½ teskje soyasaus

250 ml / 8 fl oz / 1 kopp biffbuljong

30 ml / 2 ss sesamfrø

Mariner kjøttet med østerssausen, 2,5 ml / ½ ts mais, 2,5 ml / ½ ts vineddik og 15 ml / 1 ss olje i 1 time.

Varm i mellomtiden 15 ml / 1 ss olje, tilsett brokkoli, 2,5 ml / ½ teskje fiskesaus, soyasaus og den resterende vineddiken og hell kokende vann over. Kok på lav varme i ca 10 minutter til den er myk.

Varm opp 30 ml / 2 ss olje i en separat panne og stek kjøttet kort til det er brunt. Tilsett kraften, resterende mais og fiskesaus, kok opp, legg på lokk og la det småkoke i ca 10 minutter til kjøttet er mørt. Tøm brokkolien og legg på en varm tallerken. Dekk med kjøtt og dryss rikelig med sesamfrø.

Grillet kjøtt

for 4 personer

450g/1lb mager biff, i skiver

60 ml / 4 ss soyasaus

2 fedd hvitløk, hakket

5 ml / 1 ts salt

2,5 ml / ¬Ω teskje nykvernet pepper

10 ml / 2 ts sukker

Bland alle ingrediensene og la det stå i 3 timer. Grill eller stek (stek) på varm grill i ca 5 minutter på hver side.

Kantonesisk kjøtt

for 4 personer

30 ml / 2 ss maismel (maisstivelse)
Pisk 2 eggehviter til stive topper
450g/1lb biff, kuttet i strimler
Stek i olje
4 stykker selleri, hakket
2 finhakkede løk
60 ml / 4 ss vann
20 ml / 4 ts salt
75 ml / 5 ss soyasaus
60 ml / 4 ss risvin eller tørr sherry
30 ml / 2 ss sukker
fersk kvernet pepper

Bland halvparten av maizenaen med eggehviten. Tilsett biffen og bland for å dekke kjøttet med blandingen. Varm oljen og stek biffen til den er gyldenbrun. Ta ut av pannen og la renne av på kjøkkenpapir. Varm opp 15 ml / 1 ss olje og stek selleri og løk i 3 minutter. Tilsett kjøtt, vann, salt, soyasaus, vin eller sherry og sukker, og smak til med pepper. Kok opp og la det småkoke under omrøring til sausen tykner.

Kalvekjøtt med gulrøtter

for 4 personer

30 ml / 2 ss peanøttolje

450 g magert biff, kuttet i terninger

2 frokostløk (skålløk), i skiver

2 fedd hvitløk, hakket

1 skive ingefærrot, hakket

250 ml / 8 fl oz / 1 kopp soyasaus

30 ml / 2 ss risvin eller tørr sherry

30 ml / 2 ss brunt sukker

5 ml / 1 ts salt

600 ml / 1 pt / 2 Ω kopp vann

4 gulrøtter, kuttet diagonalt

Varm oljen og stek kjøttet til det er lett brunt. Tøm av overflødig olje og tilsett stekt vårløk, hvitløk, ingefær og anis i 2 minutter. Tilsett soyasaus, vin eller sherry, sukker og salt og bland godt. Tilsett vann, kok opp, dekk til og la det småkoke i 1 time. Tilsett gulrøtter, dekk til og kok i ytterligere 30 minutter. Ta av lokket og kok til sausen er redusert.

Biff med cashewnøtter

for 4 personer

60 ml / 4 ss peanøttolje

450 g / 1 lb indrefilet av storfe, tynne skiver

8 frokostløk (skålløk), i skiver

2 fedd hvitløk, hakket

1 skive ingefærrot, hakket

75 g / 3 oz / ¬æ kopp ristede cashewnøtter

120 ml / 4 fl oz / ¬Ω kopp vann

20 ml / 4 ts maismel (maisstivelse)

20 ml / 4 ts soyasaus

5 ml / 1 ts sesamolje

5 ml / 1 ts østerssaus

5 ml / 1 ts chilisaus

Varm opp halvparten av oljen og stek kjøttet til det er gyldenbrunt. Fjern fra pannen. Varm opp den resterende oljen og stek vårløk, hvitløk, ingefær og cashewnøtter i den i 1 minutt. Ha kjøttet tilbake i pannen. Tilsett resten av ingrediensene og hell blandingen i pannen. Kok opp og la det småkoke under omrøring til blandingen tykner.

Slow Cooker biffgryte

for 4 personer

30 ml / 2 ss peanøttolje

450 g dampet kjøtt, kuttet i terninger

3 skiver ingefærrot, hakket

3 gulrøtter i skiver

1 gresskar i skiver

15 ml / 1 ss sorte dadler, kuttet ut

15 ml / 1 ss lotusfrø

30 ml / 2 ss tomatpuré (pasta)

10 ml / 2 ss salt

900 ml / 1¬Ω pt / 3¬œ kopp biffbuljong

250 ml / 1 kopp risvin eller tørr sherry

Varm oljen i en stor stekepanne eller stekepanne og brun kjøttet på alle sider.

Biff med blomkål

for 4 personer

225 g / 8 oz blomkålbuketter

Stek i olje

225 g biff kuttet i strimler

50 g bambusskudd, kuttet i strimler

10 vannkastanjer kuttet i strimler

120 ml / 4 fl oz / ½ kopp kyllingsuppe

15 ml / 1 ss soyasaus

15 ml / 1 ss østerssaus

15 ml / 1 ss tomatpuré (pasta)

15 ml / 1 ss maismel (maisstivelse)

2,5 ml / ½ teskje sesamolje

Blancher blomkålen i kokende vann i 2 minutter, og la den renne av. Varm oljen og stek blomkålen til den er gyldenbrun. La renne av på kjøkkenpapir og renne av. Varm oljen og stek kjøttet til det er gyllenbrunt, fjern deretter og riv det i strimler. Hell 15 ml / 1 ss av alt unntatt oljen i bambusskuddene og vannkastanjene i 2 minutter. Tilsett resten av ingrediensene, kok opp og kok opp under omrøring til sausen tykner. Ha kjøttet og blomkålen tilbake i pannen og varm forsiktig opp. Server umiddelbart.

Kalvekjøtt med selleri

for 4 personer

100 g selleri, kuttet i strimler
45 ml / 3 ss peanøttolje (peanøtt)
2 frokostløk (skålløk), finhakket
1 skive ingefærrot, hakket
225 g magert biff kuttet i strimler
30 ml / 2 ss soyasaus
30 ml / 2 ss risvin eller tørr sherry
2,5 ml / ¬Ω teskje sukker
2,5 ml / ¬Ω teskje salt

Blancher sellerien i kokende vann i 1 minutt, og la den renne godt av. Varm oljen og stek vårløk og ingefær til de er gyldenbrune. Tilsett kjøttet og stek i 4 minutter. Tilsett selleri og stek i 2 minutter. Tilsett soyasaus, vin eller sherry, sukker og salt og stek i 3 minutter.

Roastbiff skiver med selleri

for 4 personer

30 ml / 2 ss peanøttolje

450 g magert biff, i skiver

3 stilker selleri, strimlet

1 løk, revet

1 vårløk (skuldre), i skiver

1 skive ingefærrot, hakket

30 ml / 2 ss soyasaus

15 ml / 1 ss risvin eller tørr sherry

2,5 ml / ¬Ω teskje sukker

2,5 ml / ¬Ω teskje salt

10 ml / 2 ts maismel (maisstivelse)

30 ml / 2 ss vann

Varm halvparten av oljen til den er veldig varm og stek kjøttet i 1 minutt til det er gyldenbrunt. Fjern fra pannen. Varm opp den resterende oljen og damp lett selleri, løk, vårløk og ingefær. Ha kjøttet tilbake i pannen med soyasaus, vin eller sherry, sukker og salt, kok opp og over høy varme. Kombiner maismel og vann, rør i kjelen og la det småkoke til sausen er tykk. Server umiddelbart.

Biff kuttet med kylling og selleri

for 4 personer

4 tørkede kinesiske sopp

45 ml / 3 ss peanøttolje (peanøtt)

2 fedd hvitløk, hakket

1 ingefærrot, skåret i skiver og finhakket

5 ml / 1 ts salt

100 g magert biff kuttet i strimler

100 g kylling kuttet i strimler

2 gulrøtter, kuttet i strimler

2 stilker selleri, kuttet i strimler

4 løk, kuttet i strimler

5 ml / 1 ts sukker

5 ml / 1 ts soyasaus

5 ml / 1 ts risvin eller tørr sherry

45 ml / 3 ss vann

5 ml / 1 ts maismel (maisstivelse)

Bløtlegg soppen i varmt vann i 30 minutter, filtrer deretter. Kast stilkene og skjær av toppene. Varm oljen og fres hvitløk, ingefær og salt til de er gyldenbrune. Tilsett biff og kylling og stek til de begynner å bli brune. Tilsett selleri, vårløk, sukker, soyasaus, vin eller sherry og vann og kok opp. Dekk til og la det småkoke i ca 15 minutter til kjøttet er mørt. Bland maismelet med litt vann, bland med sausen og kok til sausen er tykk.

Biff med Chile

for 4 personer

450g/1lb indrefilet av storfe, kuttet i strimler

45 ml / 3 ss soyasaus

15 ml / 1 ss risvin eller tørr sherry

15 ml / 1 ss brunt sukker

15 ml / 1 ss finhakket ingefærrot

30 ml / 2 ss peanøttolje

50 g bambusskudd, kuttet i biter

1 løk kuttet i strimler

1 stilk selleri, kuttet i fyrstikker

2 røde chili, frøet og kuttet i strimler

120 ml / 4 fl oz / ¬Ω kopp kyllingsuppe

15 ml / 1 ss maismel (maisstivelse)

Legg biffen i en bolle. Bland soyasaus, vin eller sherry, sukker og ingefær og bland med biffen. La marinere i 1 time. Fjern biffen fra marinaden. Varm opp halvparten av oljen og stek bambusskudd, løk, selleri og chili i 3 minutter, og ta deretter ut av pannen. Varm opp den resterende oljen og stek biffen i 3 minutter. Tilsett marinaden, kok opp og tilsett de stekte grønnsakene. Kok på lav varme under omrøring i 2 minutter.

Bland buljong og maismel sammen og tilsett i pannen. Kok opp og kok under omrøring til sausen klarner og tykner.

Biff kinakål

for 4 personer

225 g magert biff

30 ml / 2 ss peanøttolje

350 g kinakål, strimlet

120 ml / 4 fl oz / ¬Ω kopp biffbuljong

Salt og nykvernet pepper

10 ml / 2 ts maismel (maisstivelse)

30 ml / 2 ss vann

Skjær kjøttet i tynne skiver mot kornet. Varm oljen og stek kjøttet til det er gyldenbrunt. Tilsett kinakålen og la den småkoke til den er litt myk. Tilsett suppen, kok opp, smak til med salt og pepper. Dekk til og la det småkoke i 4 minutter til kjøttet er mørt. Bland maismel og vann sammen i kjelen og rør til sausen er tykk.

Biff Suey

for 4 personer

3 stykker selleri, hakket

100 g bønnespirer

100 g / 4 oz brokkolibuketter

60 ml / 4 ss peanøttolje

3 frokostløk, finhakket

2 fedd hvitløk, hakket

1 skive ingefærrot, hakket

225 g magert biff kuttet i strimler

45 ml / 3 ss soyasaus

15 ml / 1 ss risvin eller tørr sherry

5 ml / 1 ts salt

2,5 ml / ¬Ω teskje sukker

fersk kvernet pepper

15 ml / 1 ss maismel (maisstivelse)

Blancher selleri, bønnespirer og brokkoli i kokende vann i 2 minutter, renn av og tørk. Varm 45 ml / 3 ss olje og stek vårløk, hvitløk og ingefær gylden. Tilsett kjøttet og stek i 4 minutter. Fjern fra pannen. Varm opp den resterende oljen og stek grønnsakene i 3 minutter. Tilsett kjøtt, soyasaus, vin eller sherry, salt, sukker og en klype pepper og stek i 2 minutter. Bland maismelet med litt vann, bland det i kjelen og rør til sausen er klar og tyknet.

Kalvekjøtt med agurk

for 4 personer

450 g / 1 lb indrefilet av storfe, tynne skiver

45 ml / 3 ss soyasaus

30 ml / 2 ss maismel (maisstivelse)

60 ml / 4 ss peanøttolje

2 agurker, skrelt, kjernehuset og skåret i skiver

60 ml / 4 ss kyllingbuljong

30 ml / 2 ss risvin eller tørr sherry

Salt og nykvernet pepper

Legg biffen i en bolle. Bland soyasaus og maismel sammen og legg i biffen. La det marinere i 30 minutter. Varm opp halvparten av oljen og stek agurkene i 3 minutter til de er ugjennomsiktige, ta deretter ut av pannen. Varm opp den resterende oljen og stek biffen til den er gyldenbrun. Tilsett agurk og stek i 2 minutter. Tilsett buljong, vin eller sherry og smak til med salt og pepper. Kok opp, dekk til og la det småkoke i 3 minutter.

Beef Chow Mein

for 4 personer

750 g / 1 ¬Ω lb mørbrad biff

2 løk

45 ml / 3 ss soyasaus

45 ml / 3 ss risvin eller tørr sherry

15 ml / 1 ss peanøttsmør

5 ml / 1 ts sitronsaft

350 g eggnudler

60 ml / 4 ss peanøttolje

175 ml / 6 fl oz / ¬æ kopp kyllingsuppe

15 ml / 1 ss maismel (maisstivelse)

30 ml / 2 ss østerssaus

4 frokostløk, finhakket

3 stykker selleri, hakket

100 g sopp, i skiver

1 grønn paprika kuttet i strimler

100 g bønnespirer

Rens og fjern fettet fra kjøttet. Skjær parmesanen i tynne skiver. Skjær løken i ringer, skille lagene. Bland 15 ml / 1 ss soyasaus med 15 ml / 1 ss vin eller sherry, peanøttsmør og sitronsaft. Tilsett kjøttet, dekk til og la hvile i 1 time. Kok pastaen i kokende vann i ca 5 minutter eller til den er mør. Tøm godt. Varm 15 ml / 1 ss olje, tilsett 15 ml / 1 ss soyasaus til nudlene og stek i 2 minutter til de er litt brune. Legg i en varm bolle.

Bland resten av soyasausen og vinen eller sherryen med buljong, mais og østerssaus. Varm 15 ml / 1 ss olje og stek løken i 1 minutt. Tilsett selleri, sopp, pepper og bønnespirer og stek i 2 minutter. Fjern fra woken. Varm opp den resterende oljen og stek kjøttet til det er gyldenbrunt. Tilsett buljongblandingen, kok opp, dekk til og la det småkoke i 3 minutter. Ha grønnsakene tilbake i woken og rør i ca 4 minutter til de er varme. Hell blandingen over pastaen og server.

Agurkfilet

for 4 personer

450g / 1lb filetbiff

10 ml / 2 ts maismel (maisstivelse)

10 ml / 2 ts salt

2,5 ml / ½ teskje nykvernet pepper

90 ml / 6 ss peanøttolje (peanøtt)

1 finhakket løk

1 agurk, skrelt og skåret i skiver

120 ml / 4 fl oz / ½ kopp biffbuljong

Skjær fileten i strimler, deretter ved siden av glasset i tynne skiver. Ha i en bolle og tilsett maisenna, salt, pepper og halvparten av oljen. La det marinere i 30 minutter. Varm opp den resterende oljen og stek kjøttet og løken til de er gyldenbrune. Tilsett agurk og buljong, kok opp, dekk til og kok i 5 minutter.

Biff karri

for 4 personer

45 ml / 3 ss smør

15 ml / 1 ss karripulver

45 ml / 3 ss vanlig mel (alle formål)

375 ml / 13 fl oz / 1 Ω kopp melk

15 ml / 1 ss soyasaus

Salt og nykvernet pepper

450 g kokt, hakket biff

100 g erter

2 gulrøtter, finhakket

2 finhakkede løk

225 g kokt langkornet ris, varm

1 hardkokt egg (kokt), i skiver

Smelt smøret, tilsett karri og mel og kok i 1 minutt. Tilsett melk og soyasaus, kok opp og rør i 2 minutter. Tilsett salt og pepper. Tilsett biff, erter, gulrøtter og løk og bland godt for å dekke med sausen. Tilsett risen, hell deretter blandingen i en panne og stek i en forvarmet ovn ved 200 ∞C / 400 ∞F / gassmerke 6 i 20 minutter, til grønnsakene er myke. Server pyntet med skiver hardkokt egg.

Skinkekastanjeomelett og vann

2 porsjoner

30 ml / 2 ss peanøttolje

1 finhakket løk

1 fedd knust hvitløk

50 g hakket skinke

50 g vannkastanjer, hakket

15 ml / 1 ss soyasaus

50 g cheddarost

3 piskede egg

Varm opp halvparten av oljen og stek løk, hvitløk, skinke, vannkastanjer og soyasaus til de er gyldenbrune. Fjern dem fra pannen. Varm opp den resterende oljen, tilsett eggene, og når det begynner å tykne, legg egget i midten slik at det kan renne under det røde egget. Når eggene er klare, heller du skinkeblandingen i den ene halvdelen av tortillaen, pynter med ost og dekker den andre halvdelen av tortillaen. Dekk til og stek i 2 minutter, snu og stek i ytterligere 2 minutter til den er gyldenbrun.

Hummer omelett

for 4 personer

4 egg

Salt og nykvernet pepper

30 ml / 2 ss peanøttolje

3 frokostløk, finhakket

100 g hummerkjøtt, hakket

Pisk eggene lett og smak til med salt og pepper. Varm oljen og stek vårløken i 1 minutt. Tilsett hummer og rør til den er dekket med olje. Hell eggene i pannen og vipp pannen slik at eggene dekker overflaten. Løft kantene på tortillaen når egget er stivnet slik at det rå egget kan gli under. Kok til ferdig, brett deretter i to og server umiddelbart.

Østersomelett

for 4 personer

4 egg

120 ml / 4 fl oz / ½ kopp melk

12 skjell østers

3 frokostløk, finhakket

Salt og nykvernet pepper

30 ml / 2 ss peanøttolje

50 g magert svinekjøtt, finhakket

50 g sopp, i skiver

50 g / 2 oz bambusskudd, i skiver

Pisk eggene lett sammen med melk, østers, vårløk, salt og pepper. Varm oljen og stek svinekjøttet til det er gyldenbrunt. Tilsett soppen i bambusskuddet og stek i 2 minutter. Hell eggeblandingen i pannen og kok opp, løft kantene på omeletten etter hvert som eggene stivner slik at det rå egget kan gli under. Stek til den er ferdig, brett den deretter i to, snu tortillaen og stek den andre siden til den er gyldenbrun. Server umiddelbart.

Rekeomelett

for 4 personer

4 egg

15 ml / 1 ss risvin eller tørr sherry

Salt og nykvernet pepper

30 ml / 2 ss peanøttolje

1 skive ingefærrot, hakket

225 g skrellede reker

Pisk eggene lett sammen med vinen eller sherryen, og tilsett salt og pepper. Varm oljen og stek ingefæren lett gylden. Tilsett rekene og rør til de er dekket med olje. Hell eggene i pannen og vipp pannen slik at eggene dekker overflaten. Løft kantene på tortillaen når egget er stivnet slik at det rå egget kan gli under. Kok til ferdig, brett deretter i to og server umiddelbart.

Omelett med kamskjell

for 4 personer

4 egg

5 ml / 1 ts soyasaus

Salt og nykvernet pepper

30 ml / 2 ss peanøttolje

3 frokostløk, finhakket

225 g blåskjell delt i to

Pisk eggene lett sammen med soyasaus og smak til med salt og pepper. Varm oljen og stek vårløken til den er gyldenbrun. Tilsett kamskjellene og stek i 3 minutter. Hell eggene i pannen og vipp pannen slik at eggene dekker overflaten. Løft kantene på tortillaen når egget er stivnet slik at det rå egget kan gli under. Kok til ferdig, brett deretter i to og server umiddelbart.

Omelett med tofu

for 4 personer

4 egg

Salt og nykvernet pepper

30 ml / 2 ss peanøttolje

225 g tofu, strimlet

Pisk eggene lett og smak til med salt og pepper. Varm opp oljen, tilsett tofuen og la den småkoke til den er varm. Hell eggene i pannen og vipp pannen slik at eggene dekker overflaten. Løft kantene på tortillaen når egget er stivnet slik at det rå egget kan gli under. Kok til ferdig, brett deretter i to og server umiddelbart.

Tortilla fylt med svinekjøtt

for 4 personer

50 g / 2 oz bønnespirer

60 ml / 4 ss peanøttolje

225 g magert svinekjøtt, i skiver

3 frokostløk, finhakket

1 stav finhakket selleri

15 ml / 1 ss soyasaus

5 ml / 1 ts sukker

4 egg, lett pisket

Salt

Blancher bønnespirene i kokende vann i 3 minutter, og la dem renne godt av. Varm opp halvparten av oljen og stek svinekjøttet til det er gyldenbrunt. Tilsett vårløk og selleri og stek i 1 minutt. Tilsett soyasaus og sukker og stek i 2 minutter. Fjern fra pannen. Krydre de sammenpiskede eggene med salt. Varm opp den resterende oljen og hell eggene i pannen, vipp pannen slik at eggene dekker overflaten. Løft kantene på tortillaen når egget er stivnet slik at det rå egget kan gli under. Legg fyllet i midten av tortillaen og brett det i to. Kok til kokt og server umiddelbart.

Tortilla fylt med reker

for 4 personer

30 ml / 2 ss peanøttolje
2 stilker selleri, hakket
2 frokostløk (skålløk), finhakket
225 g skrellede reker, delt i to
4 egg, lett pisket
Salt

Varm opp halvparten av oljen og fres selleri og løk lett. Tilsett rekene og kok til de er veldig varme. Fjern fra pannen. Krydre de sammenpiskede eggene med salt. Varm opp den resterende oljen og hell eggene i pannen, vipp pannen slik at eggene dekker overflaten. Løft kantene på tortillaen når egget er stivnet slik at det rå egget kan gli under. Legg fyllet i midten av tortillaen og brett det i to. Kok til kokt og server umiddelbart.

Dampet tortillarull med kyllingfyll

for 4 personer

4 egg, lett pisket

Salt

15 ml / 1 ss peanøttolje

100 g kokt kylling, hakket

2 skiver ingefærrot, hakket

1 finhakket løk

120 ml / 4 fl oz / ½ kopp kyllingkraft

15 ml / 1 ss risvin eller tørr sherry

Pisk eggene og smak til med salt. Varm en dråpe olje og hell en fjerdedel av eggene, vipp for å fordele blandingen i pannen. Stek den ene siden til den er gyldenbrun, la den hvile og dekk den deretter på en tallerken. Kok de resterende 4 tortillaene. Bland kylling, ingefær og løk. Fordel blandingen jevnt mellom tortillaene, rull dem sammen, fest dem med cocktailpinner og legg rundstykkene i en flat panne. Grill i en dampkoker, dekk til og damp i 15 minutter. Legg i en varm bolle og skjær i tykke skiver. Varm opp kraften og sherryen i mellomtiden, og tilsett salt. Hell over tortillaen og server.

østerspannekaker

Til 4-6 porsjoner

12 østers

4 egg, lett pisket

3 frokostløk (skålløk), i skiver

Salt og nykvernet pepper

6 ml / 4 ss universalmel

2,5 ml / ½ ts bakepulver

45 ml / 3 ss peanøttolje (peanøtt)

Deglaser østersene med 60 ml / 4 ss spritreserve og hakk dem grovt. Bland eggene med østers, vårløk, salt og pepper. Bland mel og gjær til du får en deig med østersgrappa, bland deretter blandingen med egget. Varm opp litt olje og stek en skje med deig for å lage små pannekaker. Stek til de er gyldenbrune på begge sider, tilsett deretter litt olje i pannen og fortsett til all blandingen er brukt.

Rekepannekaker

for 4 personer

50 g skrellede reker, kuttet i små biter

4 egg, lett pisket

75 g universalmel

Salt og nykvernet pepper

120 ml / 4 fl oz / ½ kopp kyllingkraft

2 frokostløk (skålløk), finhakket

30 ml / 2 ss peanøttolje

Bland alle ingrediensene unntatt oljen. Varm opp litt olje, hell en fjerdedel av deigen, vipp pannen slik at den sprer seg over bunnen. Stek løken til den er gyldenbrun, snu den og stek den andre siden til den er brun. Fjern fra pannen og fortsett å steke de resterende pannekakene.

Kinesisk eggerøre

for 4 personer

4 sammenpiskede egg

2 frokostløk (skålløk), finhakket

Klype salt

5 ml / 1 ts soyasaus (valgfritt)

30 ml / 2 ss peanøttolje

Pisk eggene med vårløk, salt og soyasaus, hvis du bruker. Varm opp oljen og hell deretter i eggedosisen. Bland med en gaffel til egget stivner. Server umiddelbart.

Egg med fisk

for 4 personer

225 g / 8 oz fiskefilet

30 ml / 2 ss peanøttolje

1 skive ingefærrot, hakket

2 frokostløk (skålløk), finhakket

4 egg, lett pisket

Salt og nykvernet pepper

Legg fisken i et stekebrett og legg på rist i dampkokeren. Dekk til og la det småkoke i ca 20 minutter, fjern deretter skinnet og knus fruktkjøttet. Varm oljen og stek ingefær og vårløk til de er gyldenbrune. Tilsett fisken og rør til den er belagt med olje. Krydre eggene med salt og pepper, hell deretter i pannen og bland forsiktig med en gaffel til eggene er myke. Server umiddelbart.

Egg med sopp

for 4 personer

30 ml / 2 ss peanøttolje

4 sammenpiskede egg

3 frokostløk, finhakket

Klype salt

5 ml / 1 ts soyasaus

100 g sopp, grovhakket

Varm opp halvparten av oljen og stek soppen i noen minutter, og ta den deretter ut av pannen. Pisk eggene med vårløk, salt og soyasaus. Varm opp den gjenværende oljen, og tilsett eggedosisen. Rør lett med en gaffel til eggene begynner å tykne, og legg deretter soppen tilbake i pannen og kok til eggene er stivnet. Server umiddelbart.

Egg med østerssaus

for 4 personer

4 sammenpiskede egg
3 frokostløk, finhakket
Salt og nykvernet pepper
5 ml / 1 ts soyasaus
30 ml / 2 ss peanøttolje
15 ml / 1 ss østerssaus
100 g kokt skinke, knust
2 stk flat persille

Pisk eggene med vårløk, salt, pepper og soyasaus. Tilsett halvparten av oljen. Varm opp den gjenværende oljen, og tilsett eggedosisen. Rør lett med en gaffel til eggene begynner å tykne, tilsett så østerssausen og kok til eggene stivner. Server garnert med skinke og persille.

Egg med svinekjøtt

for 4 personer

225 g magert svinekjøtt, i skiver

30 ml / 2 ss soyasaus

30 ml / 2 ss peanøttolje

2 frokostløk (skålløk), finhakket

4 sammenpiskede egg

Klype salt

5 ml / 1 ts soyasaus

Bland svinekjøttet og soyasausen for å dekke svinekjøttet godt. Varm oljen og stek svinekjøttet til det er gyldenbrunt. Tilsett løken og stek i 1 minutt. Pisk eggene med vårløk, salt og soyasaus, hell deretter eggeblandingen i pannen. Bland med en gaffel til egget stivner. Server umiddelbart.

Egg med svinekjøtt og reker

for 4 personer

100 g svinekjøtt (hakket)

225 g skrellede reker

2 frokostløk (skålløk), finhakket

1 skive ingefærrot, hakket

5 ml / 1 ts maismel (maisstivelse)

15 ml / 1 ss risvin eller tørr sherry

15 ml / 1 ss soyasaus

Salt og nykvernet pepper

45 ml / 3 ss peanøttolje (peanøtt)

4 egg, lett pisket

Bland svinekjøtt, reker, løkløk, ingefær, maisstivelse, vin eller sherry, soyasaus, salt og pepper. Varm oljen og stek svinekjøttblandingen til den er gyldenbrun. Hell i eggene og bland lett med en gaffel til eggene stivner. Server umiddelbart.

Egg med spinat

for 4 personer

45 ml / 3 ss peanøttolje (peanøtt)

225 g spinat

4 sammenpiskede egg

2 frokostløk (skålløk), finhakket

Klype salt

Varm opp halvparten av oljen og stek spinaten i noen minutter, til den lysegrønne fargen forsvinner. Ta ut av pannen og skjær i små biter. Pisk eggene med vårløk, salt og soyasaus, hvis du bruker. Tilsett spinaten. Varm opp oljen og hell deretter i eggedosisen. Bland med en gaffel til egget stivner. Server umiddelbart.

Egg med løk

for 4 personer

4 sammenpiskede egg
8 frokostløk, finhakket
Salt og nykvernet pepper
5 ml / 1 ts soyasaus
30 ml / 2 ss peanøttolje

Pisk eggene med vårløk, salt, pepper og soyasaus. Varm opp oljen og hell deretter i eggedosisen. Bland med en gaffel til egget stivner. Server umiddelbart.

Egg med tomater

for 4 personer

4 sammenpiskede egg
2 frokostløk (skålløk), finhakket
Klype salt
30 ml / 2 ss peanøttolje
3 tomater, skrelt og i skiver

Pisk eggene med vårløk og salt. Varm opp oljen og hell deretter i eggedosisen. Rør forsiktig til eggene begynner å tykne, tilsett deretter tomatene og fortsett å koke under omrøring til det tykner. Server umiddelbart.

Egg med grønnsaker

for 4 personer

30 ml / 2 ss peanøttolje

5 ml / 1 ts sesamolje

1 grønn paprika, i skiver

1 fedd finhakket hvitløk

100 g søte erter, delt i to

4 sammenpiskede egg

2 frokostløk (skålløk), finhakket

Klype salt

5 ml / 1 ts soyasaus

Varm halvparten av peanøttoljen med sesamolje og stek pepper og hvitløk til de er gylne. Tilsett søte erter og stek i 1 minutt. Pisk eggene med vårløk, salt og soyasaus, og hell deretter blandingen i pannen. Bland med en gaffel til egget stivner. Server umiddelbart.

Kyllingsufflé

for 4 personer

100 g hakket kyllingbryst

(Til vanlig)

45 ml / 3 ss kyllingbuljong

2,5 ml / ½ teskje salt

4 egg

75 ml / 5 ss peanøttolje (peanøtt)

Bland kylling, kraft og salt godt. Pisk eggehvitene til stivt skum og tilsett massen. Varm oljen til den ryker, tilsett blandingen og bland godt, reduser deretter varmen og fortsett å koke under lett omrøring til blandingen tykner.

krabbesoufflé

for 4 personer

100 g krabbekjøtt, i flak

Salt

15 ml / 1 ss maismel (maisstivelse)

120 ml / 4 fl oz / ½ kopp melk

4 egg

75 ml / 5 ss peanøttolje (peanøtt)

Bland krabbekjøtt, salt, maisstivelse og bland godt. Pisk eggehvitene til et stivt skum, og bland dem deretter inn i blandingen. Varm oljen til den ryker, tilsett blandingen og bland godt, reduser deretter varmen og fortsett å koke under lett omrøring til blandingen tykner.

Krabbe- og ingefærsoufflé

for 4 personer

75 ml / 5 ss peanøttolje (peanøtt)

2 skiver ingefærrot, hakket

1 vårløk (skålløk), finhakket

100 g krabbekjøtt, i flak

Salt

15 ml / 1 ss risvin eller tørr sherry

120 ml / 4 ft oz / k kopp melk

60 ml / 4 ss kyllingbuljong

15 ml / 2 ss maismel (maisstivelse)

4 egg

5 ml / 1 ts sesamolje

Varm opp halvparten av oljen og fres ingefær og løk til de er myke. Tilsett krabbekjøttet og saltet, ta av varmen og la avkjøles litt. Bland vin eller sherry, melk, kraft og maisenna sammen og tilsett krabbeblandingen. Pisk eggehvitene til et stivt skum, og bland dem deretter inn i blandingen. Varm opp den gjenværende oljen til den ryker, tilsett blandingen og bland godt, reduser deretter varmen og fortsett å koke, rør forsiktig, til blandingen tykner.

Fiskesufflé

for 4 personer

3 egg, separert

5 ml / 1 ts soyasaus

5 ml / 1 ts sukker

Salt og nykvernet pepper

450 g / 1 lb fiskefilet

45 ml / 3 ss peanøttolje (peanøtt)

Bland eggeplommer med soyasaus, sukker, salt og pepper. Skjær fisken i store biter. Dypp fisken i blandingen til den er godt belagt. Varm oljen og stek fisken til bunnen er lett brun. Pisk imens eggehvitene til stivt skum. Snu fisken opp ned og legg eggehviten på fisken. Stek i 2 minutter til bunnen er lett brun, vend deretter igjen og stek i ytterligere 1 minutt til eggehvitene er faste og gyldne. Server med tomatsaus.

Rekesufflé

for 4 personer

225 g skrellede reker, kuttet i små biter

1 skive ingefærrot, hakket

15 ml / 1 ss risvin eller tørr sherry

15 ml / 1 ss soyasaus

Salt og nykvernet pepper

4 egg

45 ml / 3 ss peanøttolje (peanøtt)

Rør inn reker, ingefær, vin eller sherry, soyasaus, salt og pepper. Pisk eggehvitene til et stivt skum, og bland dem deretter inn i blandingen. Varm oljen til den ryker, tilsett blandingen og bland godt, reduser deretter varmen og fortsett å koke under lett omrøring til blandingen tykner.

Rekesufflé med bønnespirer

for 4 personer

100 g bønnespirer

100 g skrellede reker, grovhakkede

2 frokostløk (skålløk), finhakket

5 ml / 1 ts maismel (maisstivelse)

15 ml / 1 ss risvin eller tørr sherry

120 ml / 4 fl oz / ½ kopp kyllingkraft

Salt

4 egg

45 ml / 3 ss peanøttolje (peanøtt)

Blancher bønnespirene i kokende vann i 2 minutter, sil deretter og hold dem varme. Bland i mellomtiden reker, løk, maisstivelse, vin eller sherry, buljong og smak til med salt. Pisk eggehvitene til et stivt skum, og bland dem deretter inn i blandingen. Varm oljen til den ryker, tilsett blandingen og bland godt, reduser deretter varmen og fortsett å koke under lett omrøring til blandingen tykner. Legg på en varm tallerken og pynt med bønnespirer.

Grønnsakssufflé

for 4 personer

5 egg, separert

3 revne poteter

1 liten løk, finhakket

15 ml / 1 ss hakket fersk persille

5 ml / 1 ts soyasaus

Salt og nykvernet pepper

Pisk eggehvitene til et stivt skum. Pisk eggeplommene til de er lyse og tykke, tilsett deretter poteter, løk, persille og soyasaus og bland godt.

Tilsett eggehviten. Hell i en smurt sufflèform og stek i ovn forvarmet til 180 °C, gassmerke 4, i ca. Stek i 40 minutter.

Foo Yung Egg

for 4 personer

4 egg, lett pisket

Salt

100 g kokt kylling, hakket

1 finhakket løk

2 stilker selleri, hakket

50 g sopp, finhakket

30 ml / 2 ss peanøttolje

foo yung eggesaus

Bland egg, salt, kylling, løk, selleri og sopp. Varm opp litt olje og hell en fjerdedel av blandingen i pannen. Stek til bunnen er lett brun, snu den så og stek den andre siden også. Serveres med egg foo yung saus.

Foo Yung stekte egg

for 4 personer

4 egg, lett pisket

5 ml / 1 ts salt

100 g røkt skinke, hakket

100 g finhakket sopp

15 ml / 1 ss soyasaus

Stek i olje

Bland eggene med salt, skinke, sopp og soyasaus. Varm opp oljen og hell forsiktig skjeer av blandingen i oljen. Stek til de kommer til overflaten, snu begge sider til de er gyldenbrune. Fjern fra oljen og stek de resterende pannekakene.

Foo Yung krabbe med sopp

for 4 personer

6 piskede egg

45 ml / 3 ss maismel (maisstivelse)

100 g krabbekjøtt

100 g sopp kuttet i terninger

100 g frosne erter

2 frokostløk (skålløk), finhakket

5 ml / 1 ts salt

45 ml / 3 ss peanøttolje (peanøtt)

Pisk egget og tilsett deretter maismelet. Tilsett alle de andre ingrediensene unntatt oljen. Varm opp litt olje, hell den så sakte i pannen, slik at ca. Få 7,5 cm brede pannekaker. Stek til bunnen er lett brun, snu den så og stek den andre siden også. Fortsett til all blandingen er brukt.

Foo Yung egg med skinke

for 4 personer

60 ml / 4 ss peanøttolje

50 g bambusskudd, kuttet i terninger

50 g vannkastanjer, kuttet i terninger

2 frokostløk (skålløk), finhakket

2 stilker selleri, hakket

50 g røkt skinke, kuttet i terninger

15 ml / 1 ss soyasaus

2,5 ml / ½ teskje sukker

2,5 ml / ½ teskje salt

4 egg, lett pisket

Varm opp halvparten av oljen og stek bambusskudd, vannkastanjer, vårløk og selleri i ca 2 minutter. Tilsett skinke, soyasaus, sukker og salt, ta ut av pannen og la avkjøles litt. Tilsett blandingen til det sammenpiskede egget. Varm opp litt av den resterende oljen, og hell den deretter sakte i pannen i ca. Få 7,5 cm brede pannekaker. Stek til bunnen er lett brun, snu den så og stek den andre siden også. Fortsett til all blandingen er brukt.

Stekt Foo Yung svinekjøtt

for 4 personer

4 tørkede kinesiske sopp
60 ml / 3 ss peanøttolje
100 g svinekjøtt, hakket
100 g kinakål, strimlet
50 g / 2 oz bambusskudd, i skiver
50 g vannkastanjer i skiver
4 egg, lett pisket
Salt og nykvernet pepper

Bløtlegg soppen i varmt vann i 30 minutter, filtrer deretter. Fjern stilkene og skjær av toppene. Varm 30 ml / 2 ss olje og stek sopp, svinekjøtt, kål, bambusskudd og vannkastanjer i 3 minutter. Ta den ut av ovnen og la den avkjøles litt, tilsett den så i eggene og smak til med salt og pepper. Varm opp litt av den resterende oljen, og hell den deretter sakte i pannen i ca. Få 7,5 cm brede pannekaker. Stek til bunnen er lett brun, snu den så og stek den andre siden også. Fortsett til all blandingen er brukt.

Foo Yung svinekjøtt egg og reker

for 4 personer

45 ml / 3 ss peanøttolje (peanøtt)

100 g magert svinekjøtt, i skiver

1 finhakket løk

225 g reker, skrelles og kuttes

50 g kinakål, strimlet

4 egg, lett pisket

Salt og nykvernet pepper

Varm 30 ml / 2 ss olje og stek svinekjøttet og løken til de er gyldenbrune. Tilsett rekene og stek til de er dekket av olje, tilsett deretter kålen, bland godt, dekk til og stek i 3 minutter. Fjern fra pannen og la avkjøles litt. Tilsett kjøttblandingen i eggene og smak til med salt og pepper. Varm opp litt av den resterende oljen, og hell den deretter sakte i pannen i ca. Få 7,5 cm brede pannekaker. Stek til bunnen er lett brun, snu den så og stek den andre siden også. Fortsett til all blandingen er brukt.

hvit ris

for 4 personer

225 g / 8 oz / 1 kopp langkornet ris
15 ml / 1 spiseskje olje
750 ml / 1¼ pt / 3 kopper vann

Vask risen og ha den i en panne. Tilsett vann og olje og hell det i pannen, omtrent en tomme over risen. Kok opp, dekk til, fjern fra varmen og la det småkoke i 20 minutter.

kokt brun ris

for 4 personer

225 g / 8 oz / 1 kopp langkornet brun ris
5 ml / 1 ts salt
900 ml / 1½ poeng / 3¾ kopper vann

Vask risen og ha den i en panne. Tilsett saltet i vannet slik at det er ca 3 cm over risen. Kok opp, dekk til, reduser varmen og la det småkoke i 30 minutter, pass på at du ikke koker.

Ris med biff

for 4 personer

225 g / 8 oz / 1 kopp langkornet ris

100 g / 4 oz biff (hakket)

1 skive ingefærrot, hakket

15 ml / 1 ss soyasaus

15 ml / 1 ss risvin eller tørr sherry

5 ml / 1 ts peanøttolje

2,5 ml / ½ teskje sukker

2,5 ml / ½ teskje salt

Ha risen i en stor kjele og kok opp. Dekk til og la det småkoke i ca 10 minutter til det meste av væsken er absorbert. Bland resten av ingrediensene, legg dem på risen, dekk til og kok i ytterligere 20 minutter på svak varme til den er kokt. Bland ingrediensene før servering.

Ris med kyllinglever

for 4 personer

225 g / 8 oz / 1 kopp langkornet ris
375 ml / 13 fl oz / 1½ kopper kyllingkraft
Salt
2 kokte kyllinglever, i tynne skiver

Ha ris og buljong i en stor kjele og kok opp. Dekk til og la det småkoke i ca 10 minutter til risen er nesten mør. Ta av lokket og fortsett å koke på lav varme til mesteparten av kraften er absorbert. Tilsett salt, tilsett kyllingleveren og kok opp over sakte bål før servering.

Ris med kylling og sopp

for 4 personer

225 g / 8 oz / 1 kopp langkornet ris
100 g kylling, hakket
100 g sopp kuttet i terninger
5 ml / 1 ts maismel (maisstivelse)
5 ml / 1 ts soyasaus
5 ml / 1 ts risvin eller tørr sherry
Klype salt
15 ml / 1 ss hakket vårløk (skålløk)
15 ml / 1 ss østerssaus

Ha risen i en stor kjele og kok opp. Dekk til og la det småkoke i ca 10 minutter til det meste av væsken er absorbert. Bland alle de andre ingrediensene unntatt vårløken og østerssausen, legg risen på toppen, dekk til og stek på svak varme i ytterligere 20 minutter til de er myke. Bland ingrediensene og dryss over løk og østerssaus før servering.

Kokos ris

for 4 personer

225 g / 8 oz / 1 kopp Thai-smak ris

1 l / 1¾ pt / 4¼ kopper kokosmelk

150 ml / ¼ pt / sjenerøs ½ kopp kokoskrem

1 stk hakket koriander

Klype salt

Kok opp alle ingrediensene i en panne, dekk til og la risen småkoke i 25 minutter, rør av og til.

Ris med krabbekjøtt

for 4 personer

225 g / 8 oz / 1 kopp langkornet ris

100 g krabbekjøtt, i flak
2 skiver ingefærrot, hakket
15 ml / 1 ss soyasaus
15 ml / 1 ss risvin eller tørr sherry
5 ml / 1 ts peanøttolje
5 ml / 1 ts maismel (maisstivelse)
Salt og nykvernet pepper

Ha risen i en stor kjele og kok opp. Dekk til og la det småkoke i ca 10 minutter til det meste av væsken er absorbert. Bland resten av ingrediensene, legg dem på risen, dekk til og kok i ytterligere 20 minutter på svak varme til den er kokt. Bland ingrediensene før servering.

Ris med erter

for 4 personer

225 g / 8 oz / 1 kopp langkornet ris

350 g erter

30 ml / 2 ss soyasaus

Ha ris og buljong i en stor kjele og kok opp. Tilsett ertene, lokk og la det småkoke i ca 20 minutter, til risen er nesten mør. Ta av lokket og fortsett å koke på lav varme til det meste av væsken er absorbert. La den hvile i 5 minutter, dekk til, dryss over soyasaus og server.

Ris med pepper

for 4 personer

225 g / 8 oz / 1 kopp langkornet ris

2 frokostløk (skålløk), finhakket

1 rød paprika i skiver

45 ml / 3 ss soyasaus

30 ml / 2 ss peanøttolje

5 ml / 1 ts sukker

Ha risen i en kjele, dekk med kaldt vann, kok opp, dekk til og kok i ca 20 minutter til den er mør. Hell godt av, og tilsett deretter vårløk, pepper, soyasaus, olje og sukker. Legg i en varm bolle og server umiddelbart.

Ris med posjerte egg

for 4 personer

225 g / 8 oz / 1 kopp langkornet ris

4 egg

15 ml / 1 ss østerssaus

Ha risen i en kjele, dekk med kaldt vann, kok opp, dekk til og kok i ca 10 minutter til den er myk. Hell av og legg på en varm tallerken. I mellomtiden koker du opp en kjele med vann, knekker eggene forsiktig og koker i noen minutter til eggehviten tykner, men eggene fortsatt er fuktige. Ta ut av pannen med en hullsleiv og legg risen på toppen. Server med østerssaus drysset.

Singapore ris

for 4 personer

225 g / 8 oz / 1 kopp langkornet ris

5 ml / 1 ts salt

1,2 l / 2 pt / 5 kopper vann

Vask ris, og legg deretter i en kjele med salt og vann. Kok opp, reduser deretter varmen og kok i ca 15 minutter til risen er myk. Hell av i et dørslag og skyll med varmt vann før servering.

Sakte ris på båten

for 4 personer

225 g / 8 oz / 1 kopp langkornet ris

5 ml / 1 ts salt

15 ml / 1 spiseskje olje

750 ml / 1¼ pt / 3 kopper vann

Vask risen og ha den i en kjele med salt, olje og vann. Dekk til og stek i en forvarmet ovn ved 120 °C / 250 °F / gassmark ½ i ca. 1 time, til alt vannet er absorbert.

dampet ris

for 4 personer

225 g / 8 oz / 1 kopp langkornet ris

5 ml / 1 ts salt

450 ml / ¾ pt / 2 kopper vann

Ha ris, salt og vann i en panne, dekk til og stek i en forvarmet ovn ved 180 °C / 350 °F / gassmerke 4 i ca. 30 minutter.

Stekt ris

for 4 personer

225 g / 8 oz / 1 kopp langkornet ris

750 ml / 1¼ pt / 3 kopper vann

30 ml / 2 ss peanøttolje

1 sammenvispet egg

2 fedd hvitløk, hakket

Klype salt

1 finhakket løk

3 frokostløk, finhakket

2,5 ml / ½ ts koriandermelasse

Ha risen og vannet i en kjele, kok opp, dekk til og kok i ca 20 minutter til risen er kokt. Tøm godt. Varm opp 5 ml / 1 ts olje og hell egget. Kok til den tykner på bunnen, vend deretter og kok til den tykner. Ta ut av pannen og skjær i strimler. Hell resten av oljen i pannen med hvitløk og salt og stek til hvitløken er gyllenbrun. Tilsett løk og ris og stek i 2 minutter. Tilsett vårløken og stek i 2 minutter. Tilsett melasse i kjelen til risen er dekket, legg deretter eggestrimlene og server.

stekt ris med mandler

for 4 personer

250 ml / 8 fl oz / 1 kopp peanøttolje (peanøtt)

50 g / 2 oz / ½ kopp flakede mandler

4 sammenpiskede egg

450 g / 1 lb / 3 kopper kokt langkornet ris

5 ml / 1 ts salt

3 skiver kokt skinke kuttet i strimler

2 sjalottløk, finhakket

15 ml / 1 ss soyasaus

Varm opp oljen og stek mandlene til de er gyldenbrune. Ta ut av pannen og la renne av på kjøkkenpapir. Hell mesteparten av oljen ut av pannen, varm den opp og hell eggene over, mens du rører konstant. Tilsett risen og saltet og kok i 5 minutter, løft raskt og rør for å belegge riskornene i egget. Tilsett skinke, blader og soyasaus og kok videre i 2 minutter. Rør inn det meste av mandlene og server pyntet med de resterende mandlene.

Stekt ris med bacon og egg

for 4 personer

45 ml / 3 ss peanøttolje (peanøtt)

225 g bacon, hakket

1 finhakket løk

3 piskede egg

225 g kokt langkornet ris

Varm oljen og stek bacon og løk til de er gyldenbrune. Tilsett egget og kok til nesten ferdig. Tilsett risen og kok til risen er varm.

Stekt ris med kjøtt

for 4 personer

225 g magert biff kuttet i strimler

15 ml / 1 ss maismel (maisstivelse)

15 ml / 1 ss soyasaus

15 ml / 1 ss risvin eller tørr sherry

5 ml / 1 ts sukker

75 ml / 5 ss peanøttolje (peanøtt)

1 finhakket løk

450 g / 1 lb / 3 kopper kokt langkornet ris

45 ml / 3 ss kyllingbuljong

Bland kjøttet med maisenna, soyasaus, vin eller sherry og sukker. Varm opp halvparten av oljen og stek løken til den er gjennomsiktig. Tilsett kjøttet og stek i 2 minutter. Fjern fra pannen. Varm opp den resterende oljen, tilsett risen og stek i 2 minutter. Tilsett suppen og varm opp. Tilsett halvparten av kjøtt- og løkblandingen og rør til det er varmt, legg deretter i en varm bolle og pynt med det resterende kjøttet og løken.

Stekt ris med kjøttdeig

for 4 personer

30 ml / 2 ss peanøttolje

1 fedd knust hvitløk

Klype salt

30 ml / 2 ss soyasaus

30 ml / 2 ss hoisinsaus

450 g / 1 lb biff (hakket)

1 løk i skiver

1 gulrot kutt

1 sitron, i skiver

450g / 1lb kokt langkornet ris

Varm oljen og stek hvitløk og salt til de er gyldenbrune. Tilsett soyasaus og hoisinsaus og rør varmt. Tilsett kjøttet og stek til det er gyldenbrunt og sprøtt. Tilsett grønnsakene og la det småkoke til det er mykt, rør ofte. Tilsett risen og la det småkoke under konstant omrøring til den er varm og sausen er dekket.

Stekt ris med kjøtt og løk

for 4 personer

1 lb/450 g magert biff, i tynne skiver

45 ml / 3 ss soyasaus

15 ml / 1 ss risvin eller tørr sherry

Salt og nykvernet pepper

15 ml / 1 ss maismel (maisstivelse)

45 ml / 3 ss peanøttolje (peanøtt)

1 finhakket løk

225 g kokt langkornet ris

Mariner kjøttet i soyasaus, vin eller sherry, salt, pepper og mais i 15 minutter. Varm oljen og stek løken til den er gyldenbrun. Tilsett kjøttet i marinaden og stek i 3 minutter. Tilsett ris og kok til den er veldig varm.

Kylling stekt ris

for 4 personer

225 g / 8 oz / 1 kopp langkornet ris

750 ml / 1¼ pt / 3 kopper vann

30 ml / 2 ss peanøttolje

2 fedd hvitløk, hakket

Klype salt

1 finhakket løk

3 frokostløk, finhakket

100 g kokt kylling, hakket

15 ml / 1 ss soyasaus

Ha risen og vannet i en kjele, kok opp, dekk til og kok i ca 20 minutter til risen er kokt. Tøm godt. Varm oljen og stek hvitløk og salt til hvitløken er litt gyldenbrun. Tilsett løken og stek i 1 minutt. Tilsett risen og kok i 2 minutter. Tilsett løk og kylling og stek i 2 minutter. Tilsett soyasausen for å dekke risen.

Ris med stekt and

for 4 personer

4 tørkede kinesiske sopp
45 ml / 3 ss peanøttolje (peanøtt)
2 frokostløk (skålløk), i skiver
225 g kinakål, strimlet
100 g kokt and, kuttet i små biter
45 ml / 3 ss soyasaus
15 ml / 1 ss risvin eller tørr sherry
350 g kokt langkornet ris
45 ml / 3 ss kyllingbuljong

Bløtlegg soppen i varmt vann i 30 minutter, filtrer deretter. Kast stilkene og skjær av toppene. Varm opp halvparten av oljen og stek vårløken til den er gjennomsiktig. Tilsett kinesisk kraft og stek i 1 minutt. Tilsett and, soyasaus og vin eller sherry og stek i 3 minutter. Fjern fra pannen. Varm opp den resterende oljen og stek risen til oljen dekker den. Tilsett suppen, kok opp og stek i 2 minutter. Ha andeblandingen tilbake i kjelen og rør til den er varm før servering.

Dampet ris med skinke

for 4 personer

30 ml / 2 ss peanøttolje

1 sammenvispet egg

1 fedd knust hvitløk

350 g kokt langkornet ris

1 finhakket løk

1 hakket grønn paprika

100 g hakket skinke

50 g vannkastanjer i skiver

50 g bambusskudd, hakket

15 ml / 1 ss soyasaus

15 ml / 1 ss risvin eller tørr sherry
15 ml / 1 ss østerssaus

Varm opp litt olje i en panne og tilsett egget slik at det sprer seg over hele pannen ved å vippe det. Stek til bunnen er lett brun, snu deretter og stek den andre siden også. Ta ut av pannen og hakk og fres hvitløken til den er gyldenbrun. Tilsett ris, løk og pepper og stek i 3 minutter. Tilsett skinke, vannkastanjer og bambusskudd og stek i 5 minutter. Tilsett de øvrige ingrediensene og ca. i 4 minutter. Dryss eggestrimlene og server.

Ris med røkt skinke og buljong

for 4 personer

30 ml / 2 ss peanøttolje
3 piskede egg
350 g kokt langkornet ris
600 ml / 1 pt / 2½ kopper kyllingbuljong
100 g røkt skinke, knust
100 g bambusskudd, kuttet

Varm opp oljen og hell deretter i eggene. Når de begynner å tykne, tilsett risen og stek i 2 minutter. Tilsett buljongen og skinken og kok opp. La småkoke i 2 minutter, tilsett deretter bambusskuddene og server.

Svinekjøtt med stekt ris

for 4 personer

45 ml / 3 ss peanøttolje (peanøtt)

3 frokostløk, finhakket

100 g svinekjøtt, kuttet i terninger

350 g kokt langkornet ris

30 ml / 2 ss soyasaus

2,5 ml / ½ teskje salt

2 piskede egg

Varm oljen og stek vårløken til den er gjennomsiktig. Tilsett svinekjøttet og rør til det er dekket med olje. Tilsett ris, soyasaus og salt og kok i 3 minutter. Tilsett eggene og pisk til det begynner å tykne.

Stekt ris med svinekjøtt og reker

for 4 personer

45 ml / 3 ss peanøttolje (peanøtt)

2,5 ml / ½ teskje salt

2 frokostløk (skålløk), finhakket

350 g kokt langkornet ris

100 g stekt svinekjøtt

225 g skrellede reker

50 g kinesiske blader, strimlet

45 ml / 3 ss soyasaus

Varm oljen og saltet og stek vårløken til den er gyldenbrun. Tilsett risen i toasten for å bryte opp kornene. Tilsett svinekjøttet og stek i 2 minutter. Tilsett reker, kinesiske blader og soyasaus og stek til de er veldig varme.

Stekt ris med reker

for 4 personer

225 g / 8 oz / 1 kopp langkornet ris

750 ml / 1 ¼ pt / 3 kopper vann

30 ml / 2 ss peanøttolje

2 fedd hvitløk, hakket

Klype salt

1 finhakket løk

225 g skrellede reker

5 ml / 1 ts soyasaus

Ha risen og vannet i en kjele, kok opp, dekk til og kok i ca 20 minutter til risen er kokt. Tøm godt. Varm oljen med hvitløk og salt og stek til hvitløken er litt gyldenbrun. Tilsett ris og løk og stek i 2 minutter. Tilsett rekene og stek i 2 minutter. Tilsett soyasaus før servering.

stekt ris og erter

for 4 personer

30 ml / 2 ss peanøttolje

2 fedd hvitløk, hakket

5 ml / 1 ts salt

350 g kokt langkornet ris

225 g frosne eller blancherte erter, tint

4 frokostløk, finhakket

30 ml / 2 ss finhakket fersk persille

Varm oljen og stek hvitløk og salt til de er gyldenbrune. Tilsett risen og kok i 2 minutter. Tilsett erter, løk og persille og stek i noen minutter til de er gjennomvarme. Serveres varm eller kald.

Ris stekt i laks

for 4 personer

30 ml / 2 ss peanøttolje

2 fedd hvitløk, hakket

2 frokostløk (skålløk), i skiver

50 g hakket laks

75 g hakket spinat

150 g kokt langkornet ris

Varm oljen og stek hvitløk og vårløk i 30 sekunder. Tilsett laksen og stek i 1 minutt. Tilsett spinaten og stek i 1 minutt. Tilsett ris og kok til den er varm og godt blandet.

Spesiell stekt ris

for 4 personer

60 ml / 4 ss peanøttolje

1 finhakket løk

100 g bacon, hakket

50 g hakket skinke

50 g kokt kylling, hakket

50 g skrellede reker

60 ml / 4 ss soyasaus

30 ml / 2 ss risvin eller tørr sherry

Salt og nykvernet pepper

15 ml / 1 ss maismel (maisstivelse)

225 g kokt langkornet ris

2 piskede egg

100 g sopp, i skiver

50 g frosne erter

Varm oljen og stek løk og bacon til de er gyldenbrune. Tilsett skinke og kylling og stek i 2 minutter. Tilsett reker, soyasaus, vin eller sherry, salt, pepper og maisstivelse og stek i 2 minutter. Tilsett risen og kok i 2 minutter. Tilsett egg, sopp og erter og stek i 2 minutter til de er varme.

Ti dyre ris

Serveres fra 6 til 8

45 ml / 3 ss peanøttolje (peanøtt)

1 vårløk (skålløk), finhakket

100 g magert svinekjøtt, hakket

1 kyllingbryst, hakket

100 g skinke, knust

30 ml / 2 ss soyasaus

30 ml / 2 ss risvin eller tørr sherry

5 ml / 1 ts salt

350 g kokt langkornet ris

250 ml / 8 fl oz / 1 kopp kyllingkraft

100 g bambusskudd, kuttet i strimler

50 g vannkastanjer i skiver

Varm oljen og stek løken til den er gjennomsiktig. Tilsett svinekjøttet og stek i 2 minutter. Tilsett kylling og skinke og stek i 2 minutter. Tilsett soyasaus, sherry og salt. Tilsett ris og kraft og kok opp. Tilsett bambusskuddene og vannkastanjene, dekk til og la det småkoke i 30 minutter.

Ris med stekt tunfisk

for 4 personer

30 ml / 2 ss peanøttolje

2 finhakkede løk

1 hakket grønn paprika

450 g / 1 lb / 3 kopper kokt langkornet ris

Salt

3 piskede egg

300 g hermetisk tunfisk, i flak

30 ml / 2 ss soyasaus

2 sjalottløk, finhakket

Varm oljen og stek løken til den er myk. Tilsett pepper og stek i 1 minutt. Skyv den til den ene siden av pannen. Tilsett ris, salt og stek i 2 minutter, bland inn pepper og løk gradvis. Lag en brønn i midten av risen, hell litt olje over og tilsett eggene. Bland til nesten skummende og tilsett risen. Kok i ytterligere 3 minutter. Tilsett tunfisk og soyasaus og varm godt opp. Server drysset med hakket sjalottløk.

Kokte eggnudler

for 4 personer

10 ml / 2 ts salt

450 g / 1 pund eggepasta

30 ml / 2 ss peanøttolje

Kok opp en kjele med vann, tilsett salt og pasta. Kok opp igjen og la det småkoke i ca 10 minutter til det er mykt, men fortsatt fast. Tøm godt, skyll med kaldt vann, tøm, skyll deretter med varmt vann. Hell over olje før servering.

dampede eggnudler

for 4 personer

10 ml / 2 ts salt

450 g / 1 lb tynn eggepasta

Kok opp en kjele med vann, tilsett salt og pasta. Bland godt og filtrer. Legg pastaen i et dørslag, legg i en dampkoker og damp i kokende vann i ca 20 minutter til den er myk.

Grillet pasta

Til 8 porsjoner

10 ml / 2 ts salt

450 g / 1 pund eggepasta

30 ml / 2 ss peanøttolje

panne

Kok opp en kjele med vann, tilsett salt og pasta. Kok opp igjen og la det småkoke i ca 10 minutter til det er mykt, men fortsatt fast. Tøm godt, skyll med kaldt vann, tøm, skyll deretter med varmt vann. Ringle over olje, smak til med ønsket saus og varm forsiktig opp slik at smakene blander seg.

Stekte nudler

for 4 personer

225 g tynne eggnudler

Salt

Stek i olje

Kok pastaen i kokende saltet vann etter anvisning på pakken. Tøm godt. Vi legger flere lag med kjøkkenpapir på et bakepapir, strekker deigen og lar den tørke i noen timer. Varm oljen og stek leppene i ca 30 sekunder hver til de er gyldenbrune. Tøm på absorberende papir.

Myke stekte nudler

for 4 personer

350 g eggnudler

75 ml / 5 ss peanøttolje (peanøtt)

Salt

Kok opp en kjele med vann, tilsett pastaen og kok til pastaen er myk. Tøm og skyll med kaldt vann, deretter varmt vann, og tøm deretter igjen. Tilsett 15 ml / 1 spiseskje olje, la den avkjøles og avkjøles. Varm opp den resterende oljen til den nesten damper. Tilsett pastaen og stek sakte til oljen dekker den. Senk varmen og fortsett å røre i noen minutter til deigen er gyllenbrun på utsiden og myk på innsiden.

Dampet tagliatelle

for 4 personer

450 g / 1 pund eggepasta

5 ml / 1 ts salt

30 ml / 2 ss peanøttolje

3 frokostløk (saus), kuttet i strimler

1 fedd knust hvitløk

2 skiver ingefærrot, hakket

100 g magert svinekjøtt kuttet i strimler

100 g skinke kuttet i strimler

100 g skrellede reker

450 ml / ¬æpt / 2 kopper kyllingbuljong

30 ml / 2 ss soyasaus

Kok opp en kjele med vann, tilsett salt og pasta. Kok opp og kok i ca 5 minutter, sil deretter av og skyll med kaldt vann.

Varm i mellomtiden oljen i vårløk, hvitløk og ingefær til de er gyldenbrune. Tilsett svinekjøttet og stek til det er lyst. Tilsett skinke og reker, deretter buljong, soyasaus og nudler. Kok opp, dekk til og la det småkoke i 10 minutter.

kalde nudler

for 4 personer

450 g / 1 pund eggepasta

5 ml / 1 ts salt

15 ml / 1 ss peanøttolje

225 g / 8 oz bønnespirer

225 g svinekjøtt, hakket

1 agurk kuttet i strimler

12 reddiker kuttet i strimler

Kok opp en kjele med vann, tilsett salt og pasta. Kok opp igjen og la det småkoke i ca 10 minutter til det er mykt, men fortsatt fast. Filtrer godt, skyll med kaldt vann og tøm igjen. Pensle med olje og legg på et serveringsfat. Legg resten av ingrediensene på fat rundt pastaen. Gjestene får servert et utvalg av ingredienser i små boller.

Kurv med pasta

for 4 personer

225 g tynne eggnudler

Salt

Stek i olje

Kok pastaen i kokende saltet vann etter anvisning på pakken. Tøm godt. Vi legger flere lag med kjøkkenpapir på et bakepapir, strekker deigen og lar den tørke i noen timer. Smør innsiden av et middels dørslag med litt olje. Fordel et jevnt lag med deig ca 1 cm / ¬Ω inn i dørslaget. Smør utsiden av et mindre dørslag med olje og dytt det inn i det større. Varm oljen, legg de to filtrene i oljen og stek i ca 1 minutt, til deigen er gyllenbrun. Fjern forsiktig filtrene og kjør om nødvendig en kniv rundt kantene på deigen for å løsne dem.

Deigpannekaker

for 4 personer

225 g eggnudler

5 ml / 1 ts salt

75 ml / 5 ss peanøttolje (peanøtt)

Kok opp en kjele med vann, tilsett salt og pasta. Kok opp igjen og la det småkoke i ca 10 minutter til det er mykt, men fortsatt fast. Tøm godt, skyll med kaldt vann, tøm, skyll deretter med varmt vann. Bland med 15 ml / 1 ss olje. Varm opp den resterende oljen. Tilsett røren i pannen for å lage en tykk pannekake. Stek til den er gyldenbrun på bunnen, vend deretter og stek til den er lett brun, men myk i midten.

www.ingramcontent.com/pod-product-compliance
Lightning Source LLC
Chambersburg PA
CBHW050347120526
44590CB00015B/1590